央视《交换空间》同步书系

48小时家装魔法 3

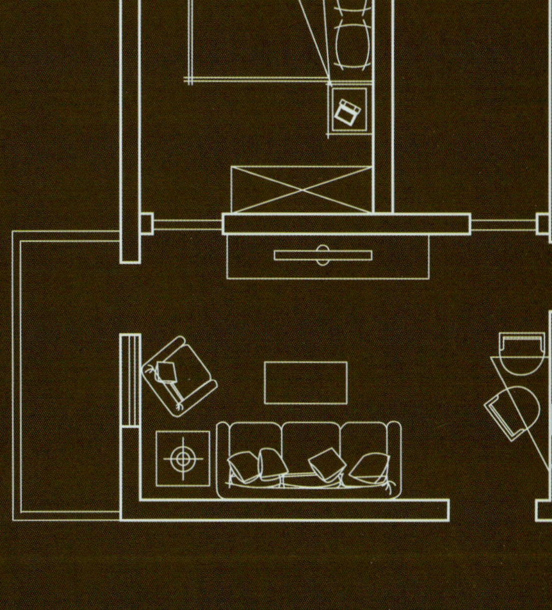

中央电视台《交换空间》栏目◎编

中国水利水电出版社
www.waterpub.com.cn

内容提要

本书汇集央视《交换空间》节目家居空间二次改造精彩案例，从个性生活与家装设计的双重角度，精细解读每一个案例48小时空间“大变脸”的“魔法”所在，不仅细致呈现了近60例异彩纷呈的家居风格的装饰手法，材料选择，色彩、照明配置，灯饰、软装、家具选购与搭配技巧，分项费用等家装细节，更有来自家装设计师的家装秘诀以资参考。

本书可供广大读者和家装爱好者如法炮制、举一反三，改变或美化自己的家居空间，也可供广大设计师借鉴、参考，启发设计灵感。

图书在版编目（CIP）数据

48小时家装魔法. 3 / 中央电视台《交换空间》栏目编. -- 北京 : 中国水利水电出版社, 2013.1（2013.8重印）
（央视《交换空间》同步书系）
ISBN 978-7-5170-0437-0

Ⅰ. ①4… Ⅱ. ①中… Ⅲ. ①住宅－室内装修－建筑设计 Ⅳ. ①TU767

中国版本图书馆CIP数据核字(2012)第303318号

书　　名	央视《交换空间》同步书系 48小时家装魔法3
作　　者	中央电视台《交换空间》栏目　编
出版发行	中国水利水电出版社 （北京市海淀区玉渊潭南路1号D座　100038） 网址：www.waterpub.com.cn E-mail：sales@waterpub.com.cn 电话：（010）68367658（发行部）
经　　售	北京科水图书销售中心（零售） 电话：（010）88383994、63202643、68545874 全国各地新华书店和相关出版物销售网点
排　　版	北京时代澄宇科技有限公司
印　　刷	北京博图彩色印刷有限公司
规　　格	210mm×280mm　16开本　6.5印张　78千字
版　　次	2013年1月第1版　2013年8月第3次印刷
印　　数	8001—11000册
定　　价	39.00元

目录 Contents

Contents

如何使用本书？

★关于“48 小时”和“一万元”

节目中家居空间改造的设计、施工、整理工作都是在 48 小时内花费约一万元完成的，因此案例家装特点是：轻装修重装饰，单功能和小空间居多（如客厅、儿童房），设计多花费少，旧房改造提倡环保。

★关于风格

每册收录当今流行的各类家居风格——

◎田园◎现代 ◎简约 ◎新中式 ◎轻奢华 ◎简欧式 ◎欧式复古 ◎混搭

★关于阅读

本书为您解读 CCTV2《交换空间》节目家居空间改造精选案例。

头两页：最有特色的图片展示；改造前后评价；改造前后平面图。

中间：“魔法”——文字细述各个改造靓点；改造前后图片对比。

最后：成本开销 + 色调搭配 + 装饰装修知识介绍。

★关于书后表格

按提示填写本书最后所附申请表，寄送或发电子邮件给节目组，就有机会参与节目录制、成为红蓝队房主，让《交换空间》进您家！

有薰衣草的夏天

普罗旺斯之梦

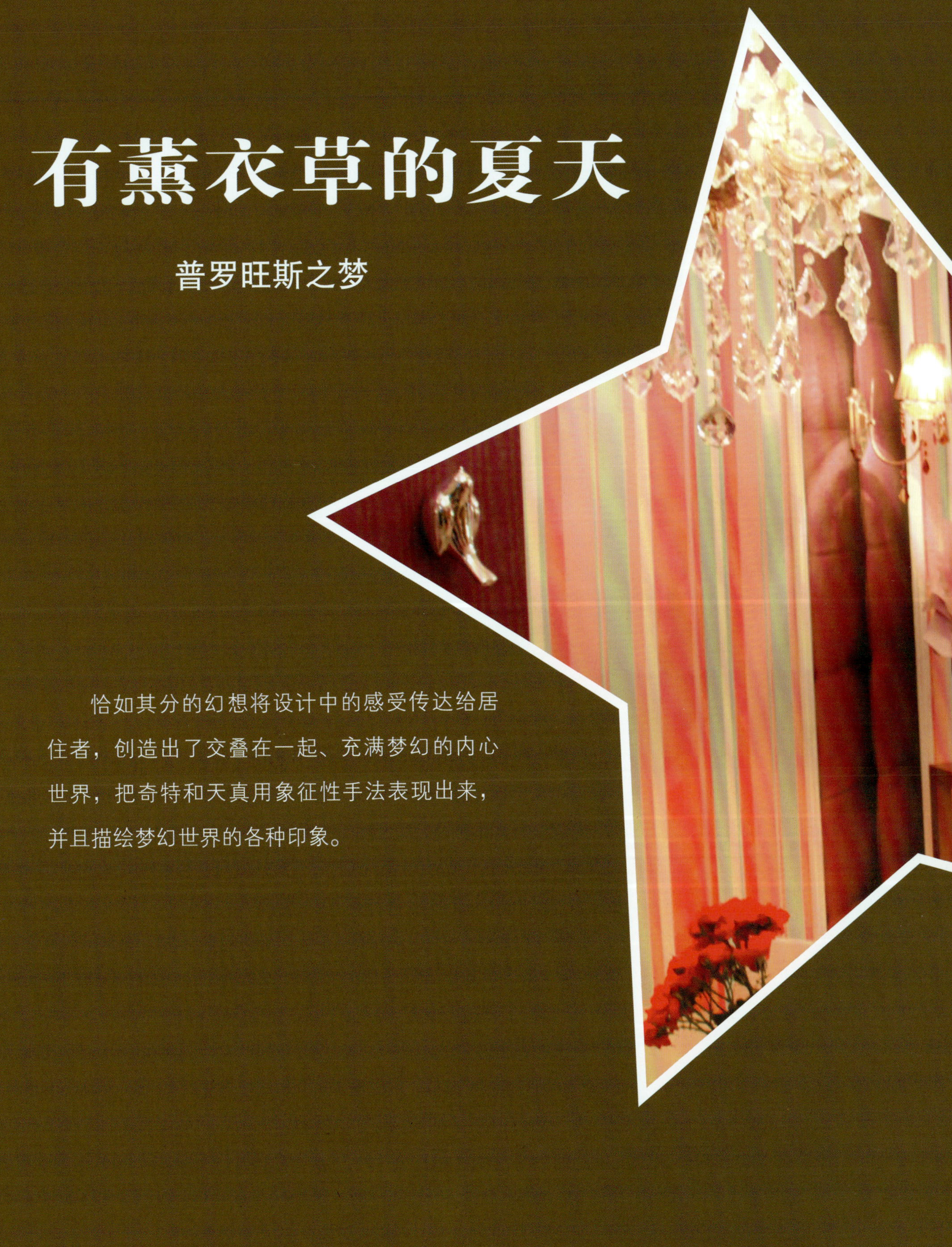

恰如其分的幻想将设计中的感受传达给居住者，创造出了交叠在一起、充满梦幻的内心世界，把奇特和天真用象征性手法表现出来，并且描绘梦幻世界的各种印象。

有薰衣草的夏天 普罗旺斯之梦

YOU XUNYICAO DE XIATIAN

改造前评述：

- 进门挂衣服的地方多一些空间；
- 梁要在视觉上弱化一些；
- 整个空间过于单调，希望有家的温馨感。

房主故事：

房主是一对年轻的夫妇，希望设计不要过于复杂，以免经常打扫。家中有宠物，所以希望设计出既耐用又美观的家具及饰物。

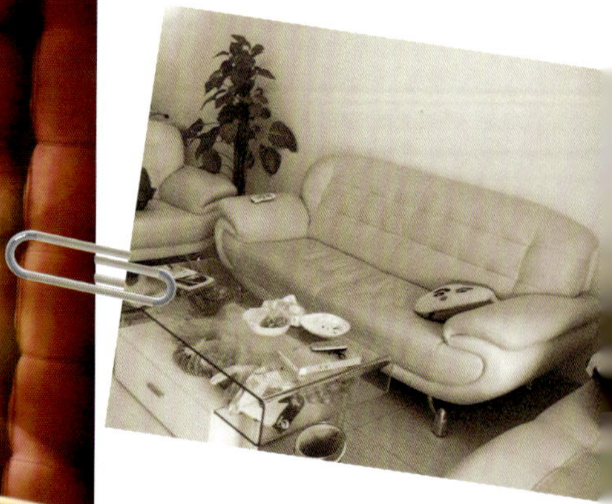

设计师：刘 鑫
毕业学校：天津科技大学
从业时间：8 年
设计理念：设计师不仅是艺术家，更是生活家，要学会生活，享受生活，品位生活，才能把设计带到真实的生活中去

对现代主义的纯理性及功能主义，尤其是国际风格的形式主义的反叛，后现代奢华风格在设计中仍秉承“设计以人为本”的原则，强调人在技术中的主导地位，突出人机工程在设计中的应用，注重设计的人性化、自由化。后现代奢华作为一种设计思潮，反对现代主义的苍白平庸及千篇一律，并以浪漫主义、个人主义作为哲学基础，推崇舒畅、自然、高雅的生活情趣，强调人性经验在设计中的主导作用，突出设计的文化内涵。

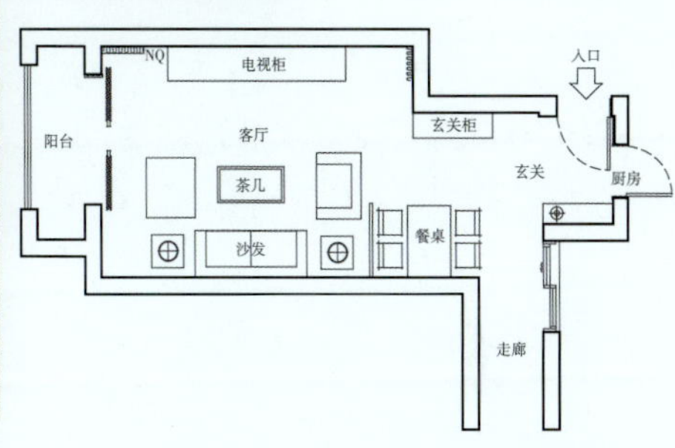

改造前平面图

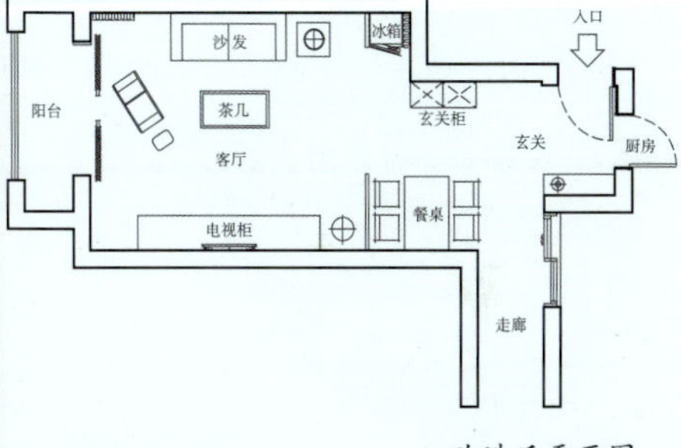

改造后平面图

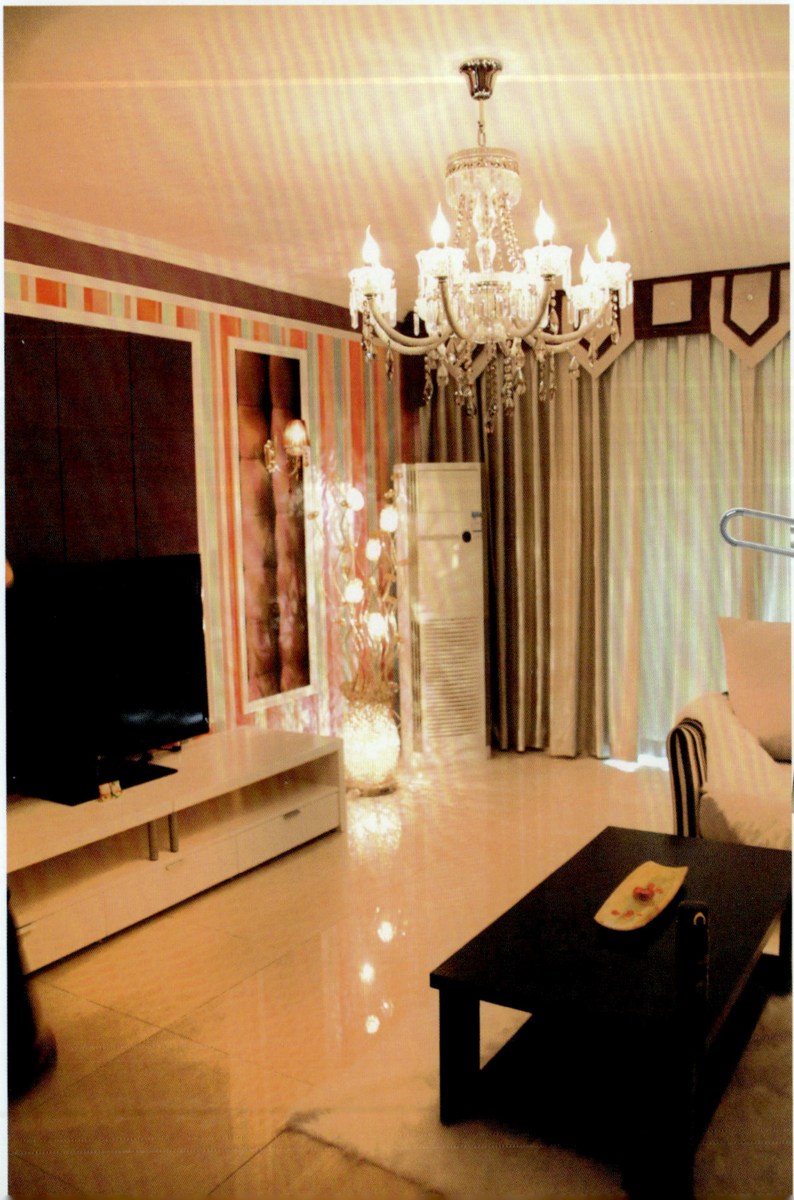

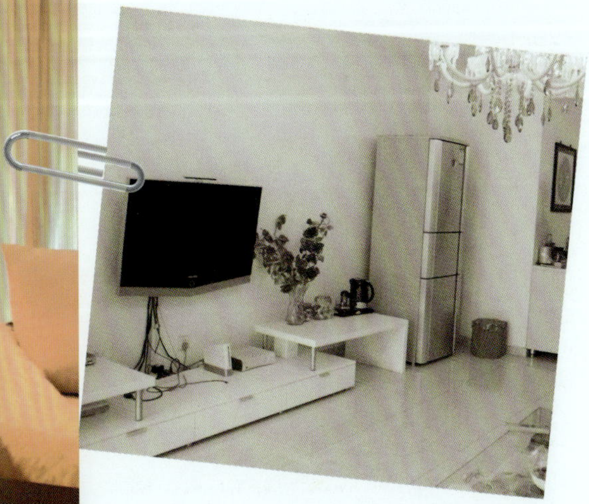

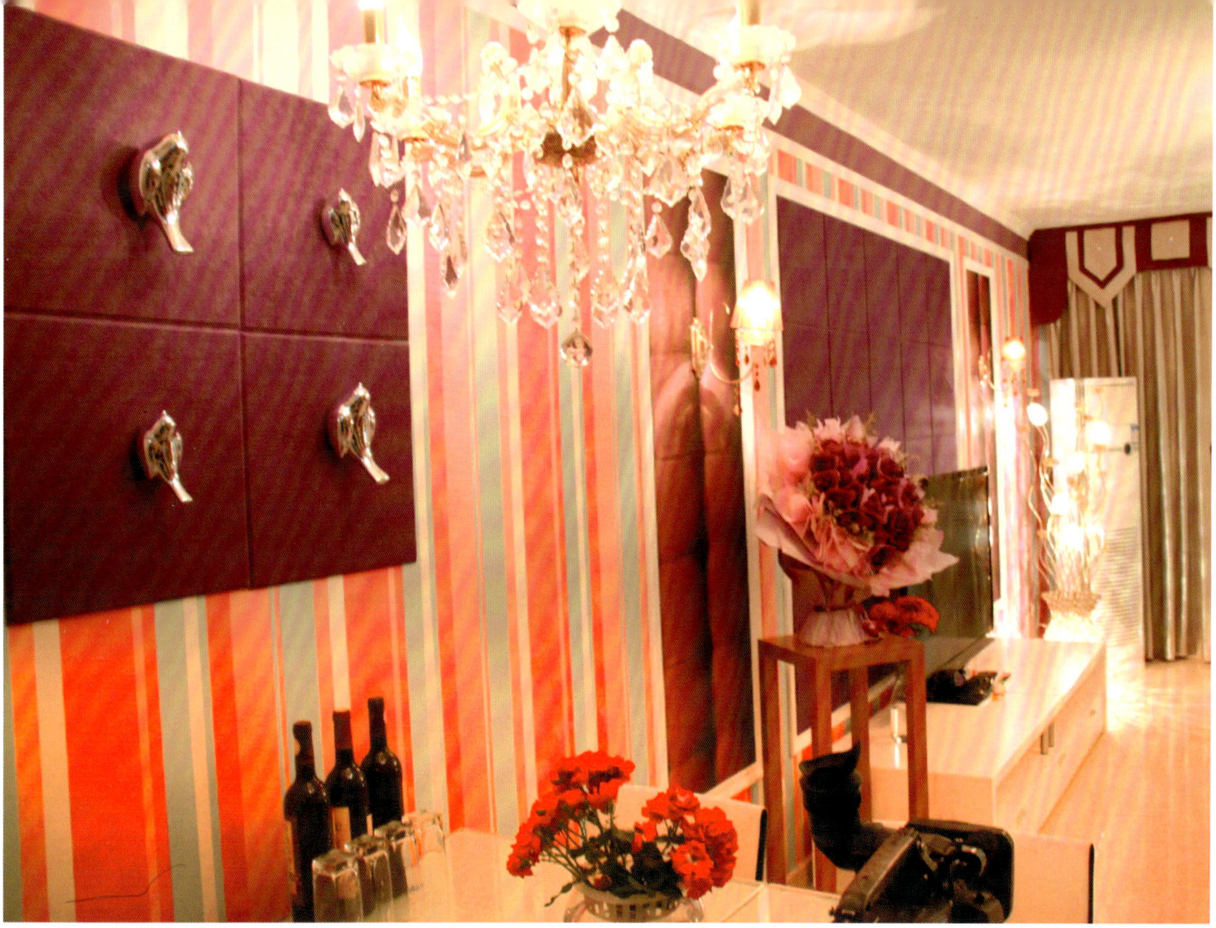

魔法01
环保材料软包电视背景墙

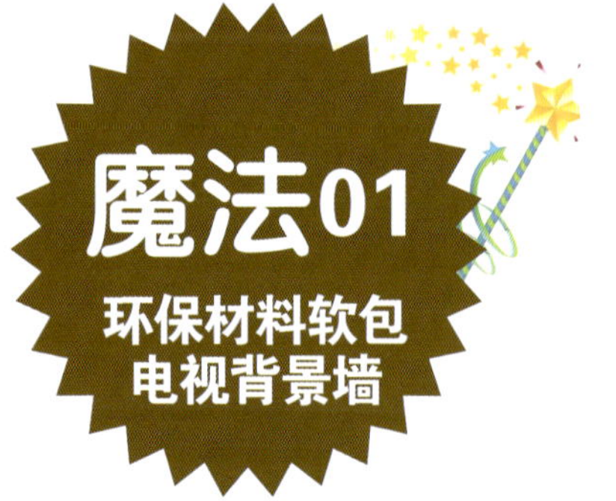

电视背景墙整个墙面做软包，用石膏线收边，两边有相框可以体现后现代的奢华感。

材料用的是聚酯纤维吸音板，此种材料接近自然，对人体无害，能创造一个安静舒适的工作及生活空间，装饰性强，施工简单，能通过木工机具变换多种造型。色彩花型丰富，可直接做装饰面材料，还可根据不同的需要做各类涂料喷涂。可代替以往层板加海绵或玻璃纤维的传统软包布艺，使电视背景墙的功能性及装饰性变强，让电视背景墙充满奇幻浪漫的色彩。

改造前

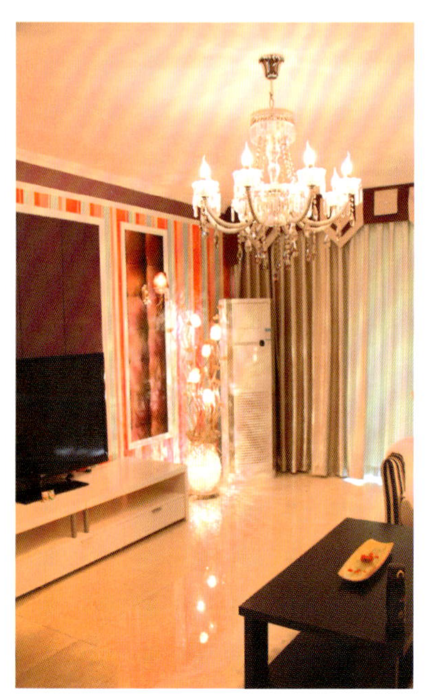

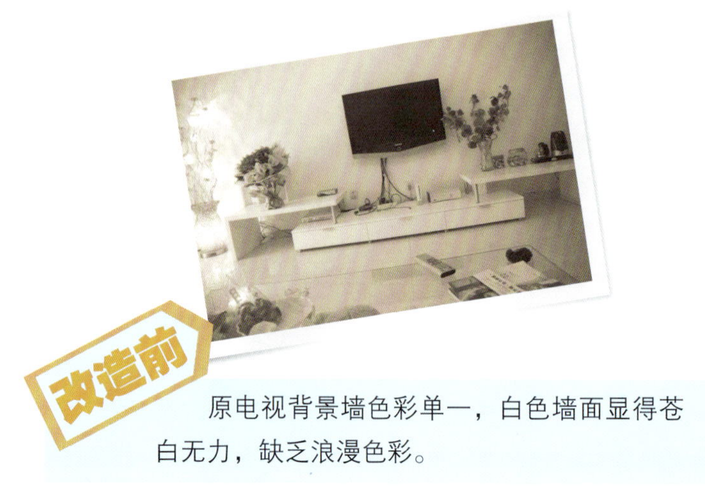

原电视背景墙色彩单一，白色墙面显得苍白无力，缺乏浪漫色彩。

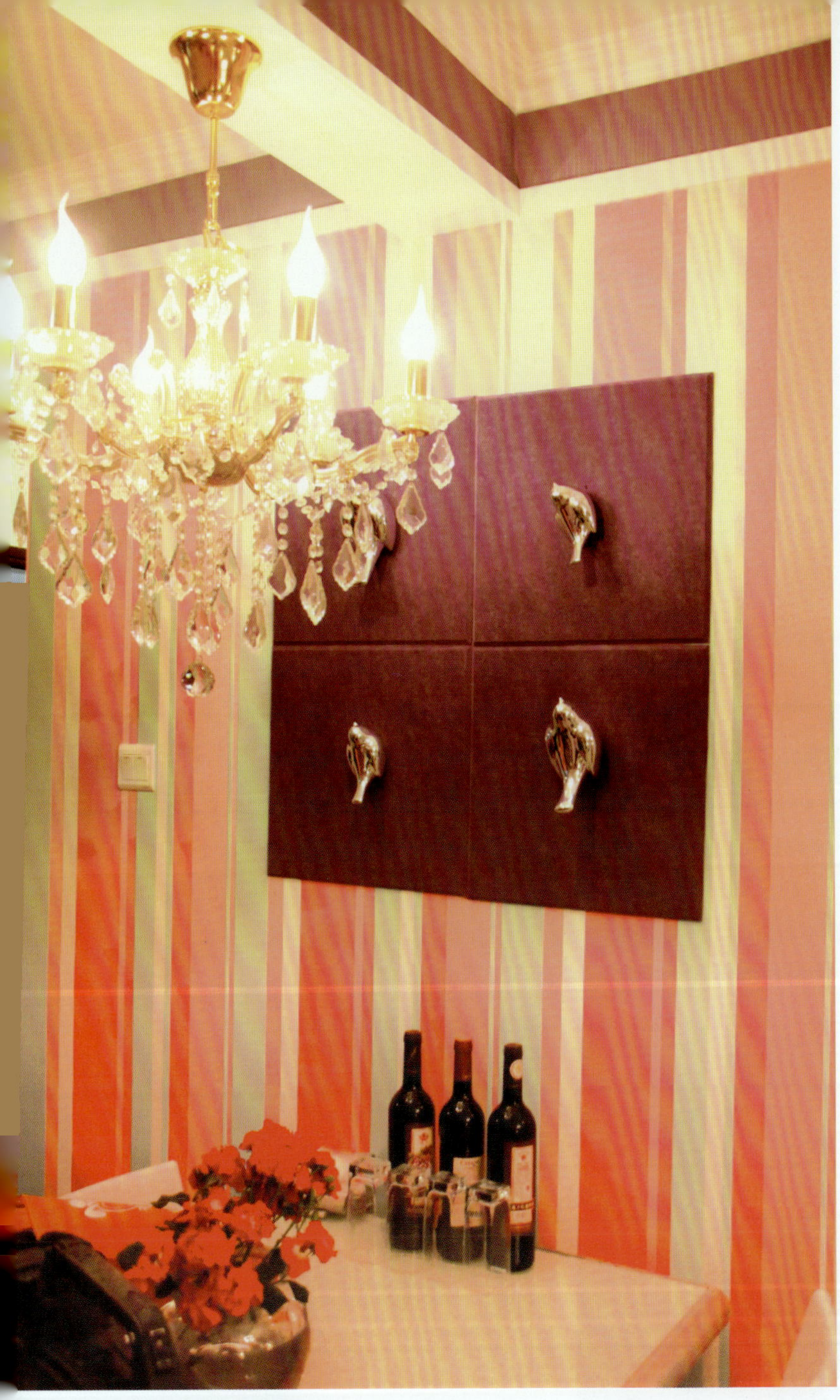

魔法02 木线吊顶

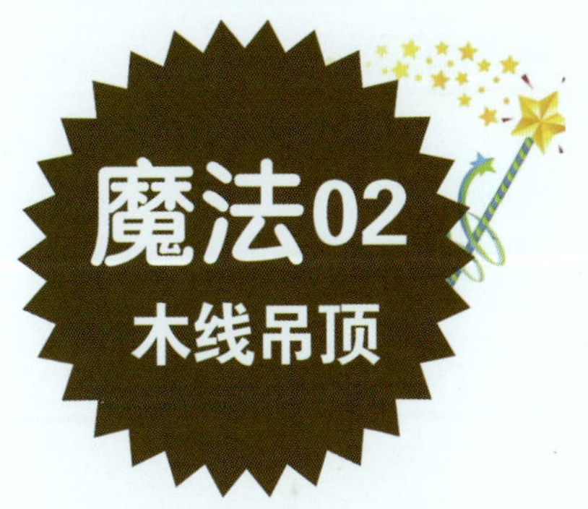

餐桌位置的吊顶处理方法是，在墙上利用上面一层原有石膏线，下面又做了一层木线，与梁看齐，视觉上弱化了梁；上面刷上了钴蓝色的漆，更呼应主题，也更有层次感。

改造前

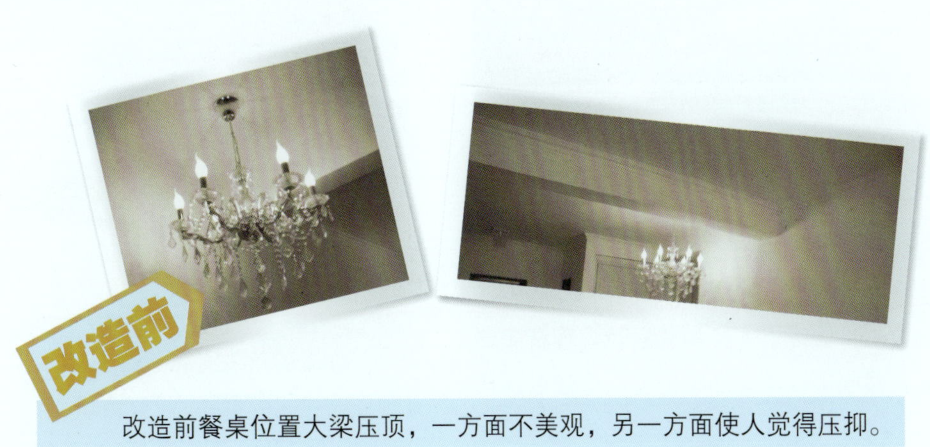

改造前餐桌位置大梁压顶，一方面不美观，另一方面使人觉得压抑。

魔法03
对调电视和沙发改变格局

改造前

改造前沙发背景设计单调，而且进门即可看到，没有遮挡。

空间设计上略有改变，去掉一个躺椅和单人位沙发，加上了一个有靠脚的沙发。由于人口较少，所以采用了 3+1 形式的沙发。

沙发的位置和原电视柜的位置对调，这样避免了进门直视沙发。沙发背景墙的木线条用线框收口，体现出大线条感觉，电视背景墙整个墙面做软包并用一圈石膏线收边，两边的相框可以体现后现代奢华的感觉。

魔法04
色彩与灯光体现自然与温馨

空间大气自然，通过颜色体现出温馨浪漫的氛围。大面积使用薰衣草紫色，钴蓝色为辅，绿色为点缀。壁纸和沙发颜色比较跳跃，适合年轻人居住，搭配竖线条壁纸。

墙上铺大面积壁纸，刷蓝色的漆，与薰衣草颜色的纱帘、皮质的沙发更好地融合在一起，颜色有跳跃感，使空间不那么单调。

家具大部分保留了原有百搭的白色家具，添了一个单人位沙发和玄关位置的五斗橱。

灯具保留原有的水晶灯，增加光源壁灯，角几灯更具温馨气氛。

改造前

改造前房屋装饰很简单，家具与灯饰搭配不够协调。

成本开销

挂衣钩：150 元　**灯具：750 元**

镜子：550 元　**配饰（小鸟挂件，玻璃花器，托盘，壁纸）：1250 元**

沙发：2850 元　**板式家具（花架，茶几，换鞋墩，五斗橱）：2600 元**

窗帘 / 软包：1450 元　**油画：400 元**

本案色调

主色调 + 搭配色调  + 

巧用聚酯纤维吸音板

聚酯纤维吸音板有 10 多种颜色，可以拼成各种图案。

这种板材表面形状有平面、方块（马赛克状）、宽条、细条。板材可弯成曲面形状。可使室内体形设计更加灵活多变，富有效果。甚至可以将艺术画通过电脑复印在聚酯纤维吸音板上。

使用该板材可以增加色彩的跳跃感，同时又有很恰当的颜色补充，使整个空间色彩丰富、清新明亮，充满家的温馨感。

85后的思想和生活

家，最终的面貌不是做了什么墙面、铺了什么地面，有多少精巧而豪华的配饰点缀，而是多年后，它所呈现出来的生活痕迹。

个性版画、照片墙、CD架，这些都充满了生活中的小甜蜜、小感动、小俏皮。

幸福狂想曲 85 后的思想和生活

XINGFU KUANGXIANGQU

改造前评述：

1976 年大地震后建造的楼房，格局简单，没有客厅、餐厅，空间小，采光不好，房间原先的装修严重老化，与现在的装修风格严重不符。

房主故事：

房主是 85 后即将要结婚的小两口，男主人帅气，女主人大方漂亮。他们非常喜欢旅游也非常喜欢安静，他们的话不多，但和他们在一起的时候总能感觉到那些不用言语的幸福。女主人强烈要求设计一定要简单，并希望自己的婚房独具特色，这其实也正体现了 85 后孩子的个性。根据他们的陈述，我把设计风格定位为后现代黑白灰的风格。

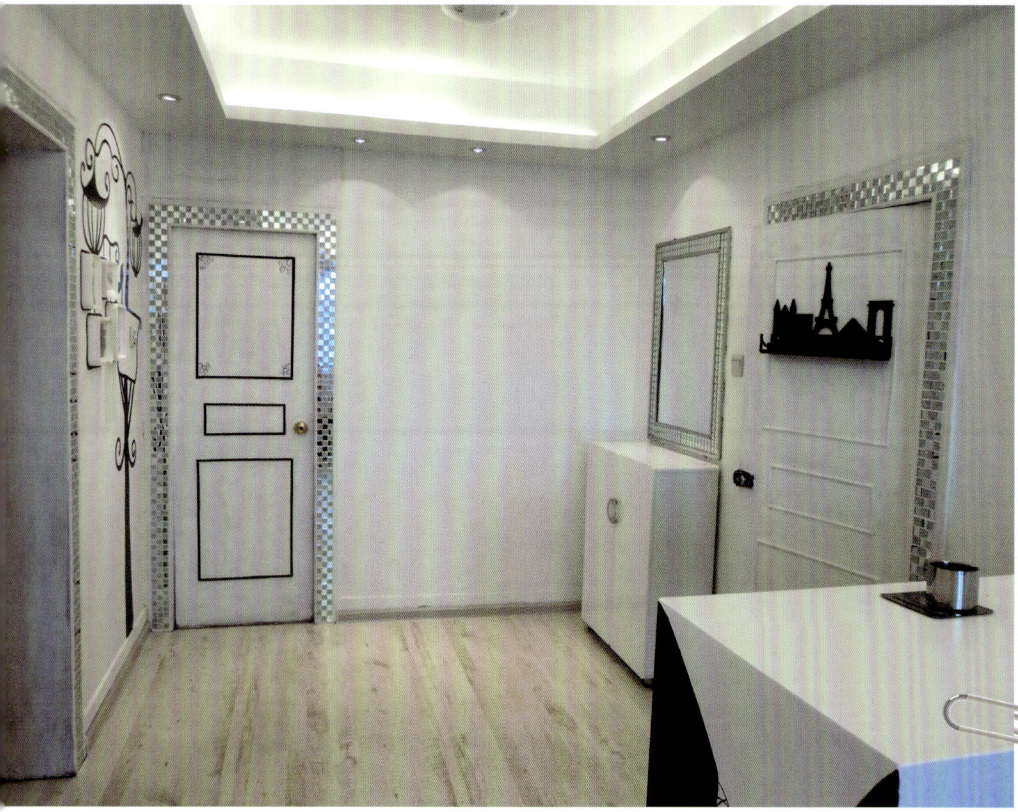

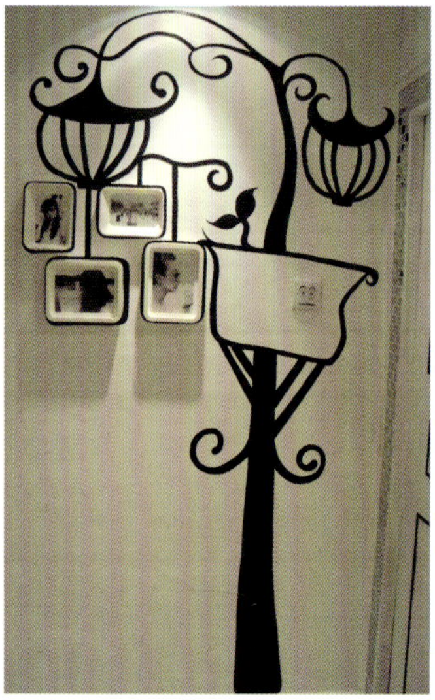

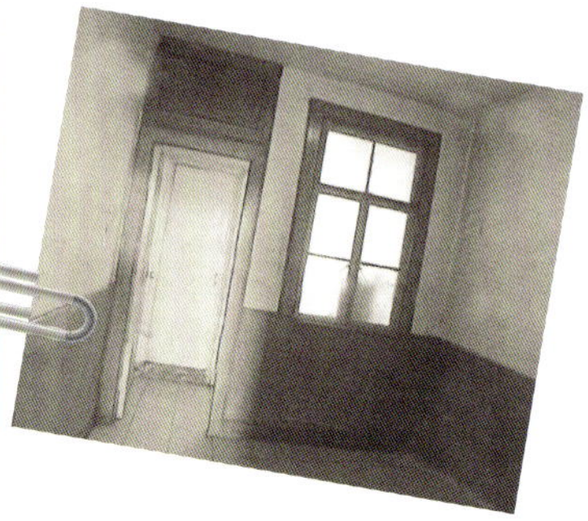

设计师：王来勇

毕业院校：河北师范大学

从业时间：9 年

设计理念：家，最终的面貌不是做了什么墙面，铺了什么地面，有多少精巧而豪华的配饰点缀，而是多年后，它所呈现出来的生活痕迹。

以简单、个性、甜蜜为主题，体现 85 后思想和生活的后现代设计风格。改造后的房间去掉了中间的隔断，在原来隔断的位置用了镜面马赛克做背景的小吧台让整个房间的视野变宽了，面积变大了，为了配合吧台，把成品门的门套也改成马赛克，这样更能体现出空间的统一和通透。沙发背景的个性照片墙仿佛随着时间流逝记录并见证着他们两个人的爱情，沙发对面的电视背景是创新之作，设计师根据业主提供的照片选择了最能代表幸福的一张做成了 1:1 比例的版画，突出了“幸福狂想曲”的主题。设计师的灵感也都体现在幸福狂想曲的每一个细节上。

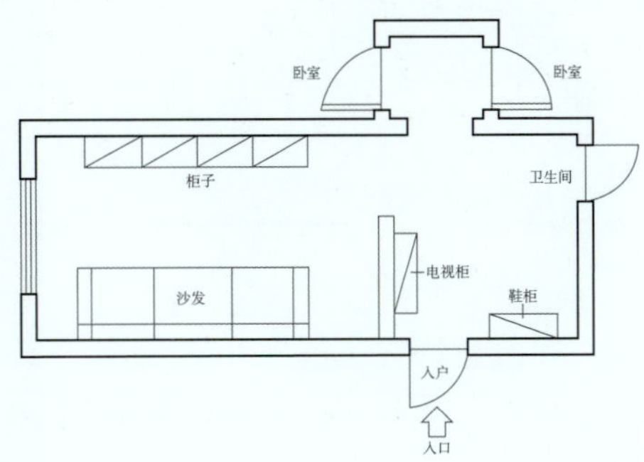

改造前平面图

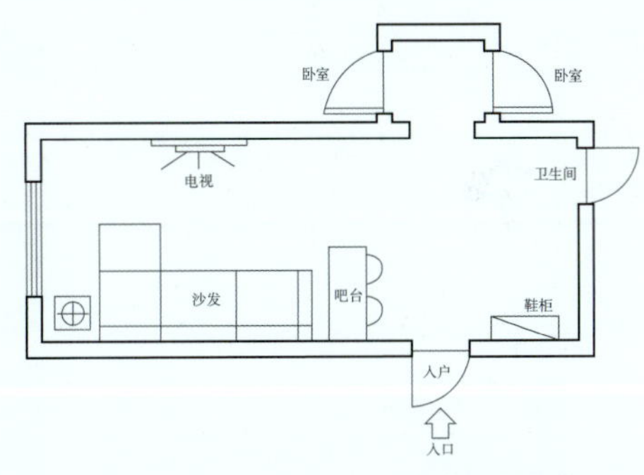

改造后平面图

魔法01 马赛克的最潮表现

如果只是将马赛克运用在卫生间或厨房，那你就落伍了；如果仅把马赛克砌拼成画，那你离潮流还不算太远；如果你已经把马赛克变成了吧台、门套等家居品，那么恭喜你，你已经跟上了欧美家居时尚设计风潮的步伐，成为了家装流行的先驱者。

❶/❷ 镜面马赛克用于门框和窗框，具有较强的装饰效果和风格特点。起到反射空间的作用，让不宽敞的居室得到空间的延伸，让功能区更有趣味，在室内柔和灯光的配合下，营造出一种浪漫的气氛。

❸ 吧台处的马赛克墙面，彰显个性，同时起到功能分区的作用。

改造前

改造前的房屋格局简单，客厅餐厅功能分区不明，空间小，采光不好，装修严重老化。

魔法02 隔墙变情趣吧台

原来的房子空间小，没有就餐的地方。考虑小两口又不经常在家吃饭，吧台是一个很好的选择。

吧台大小很合适，既起到空间分隔的作用，又为房主提供了一处休闲场所。镜面马赛克装饰是设计的亮点之一。

富有情趣的吧台空间，既解决了房间内没有餐厅的烦恼，又起到了拓展空间的作用，两个人坐下来享受自己动手制作的烛光晚餐，给简单的空间带来了小情调。

改造前

改造前这里是一堵隔断墙，导致空间狭窄、视野不好，显得空间又窄又小。

1|2
3

这对年轻人喜欢旅游和摄影，收集了很多生活中的精彩时刻。这些美好的记忆，怎么能让它就这样流逝了呢？这将是我设计中非常重要的一个组成部分。

❶/❷ 第一处照片墙是在进门正对的墙面位置，树的造型是设计的亮点。在柔和灯光的映衬下，整个墙面生动而又充满了家的温暖。

❸ 客厅沙发背景墙也被设计为一面照片墙。不同的是，设计师在右上角挂了一个钟，顺着钟的顺时针方向，顺势散落下几张照片，就像时光隧道一样，小两口一起走过的美好瞬间涌现而出。

黑白版画式的沙发靠垫也是设计的亮点之一，体现了房主的个性特色。

原先房屋装修简单，墙壁没有任何装饰，缺少家的温馨，也体现不出房主的个性特点。

魔法04 版画雕刻 体现归属感

版画是视觉艺术的一种，具有较强的艺术感染力，表现形式非常夸张，正好符合后现代风格特点。

版画一般都是个体的表现形式，这次，设计师将其融合到了背景墙里，是一个大胆的尝试和挑战。

照片从房主的生活照中选取，活泼而具有浓郁的生活气息。

为改善版画立体感差、颜色单一的缺点，与设计风格搭配，版画被做成了雕刻，颜色做成了金属银色。这样不但能将版画的艺术表现特点保留，还能扩大视觉冲击的效果。

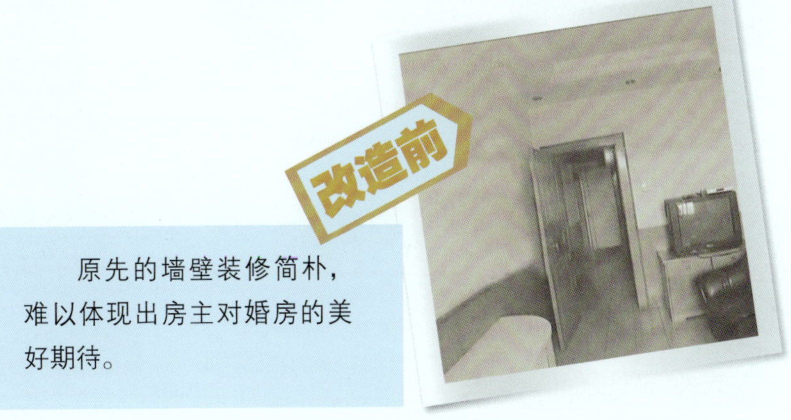

原先的墙壁装修简朴，难以体现出房主对婚房的美好期待。

成本开销

地板：2000 元　　版画：500 元　　吧椅：200 元　　暖气：400 元

CD 架：200 元　　照片墙：300 元　　鞋柜：600 元　　窗帘：600 元

吧台：300 元　　沙发：3000 元　　灯具：500 元　　其他：500 元

本案色调

主色调 + 搭配色调

后现代风格窗帘设计要点

后现代风格是现代与古典的一种结合，表现形式多采用绒布、钻扣、铆钉、金银箔、贴皮、不锈钢等材质。

此设计中的窗帘选择了绒布和钻扣，是体现奢华的材质。大马士革的图案是具有喻意的。大马士革图案中间是一朵花卉，它是由伊斯兰姑娘在出嫁时戴在头上的花朵演化而来的，象征着幸福、吉祥、永恒的爱情。叙利亚人在大马士革将这种花型进行了更符合欧洲人审美的改变，并应用于建筑及相关装饰品上，从而风行整个欧洲。

甜蜜印记

90 后的甜蜜婚房

浪漫的粉红　永远纯真的 Kitty
击中 90 后女孩柔软的心
点缀一场关于爱与未来的梦

洁白的羽毛　轻柔漫洒的橘灯
温暖两颗甜蜜的心
烘焙着爱的成熟与坚定

甜蜜印记 90后的甜蜜婚房

TIANMI YINJI

房间评价 改造前

改造前评述：

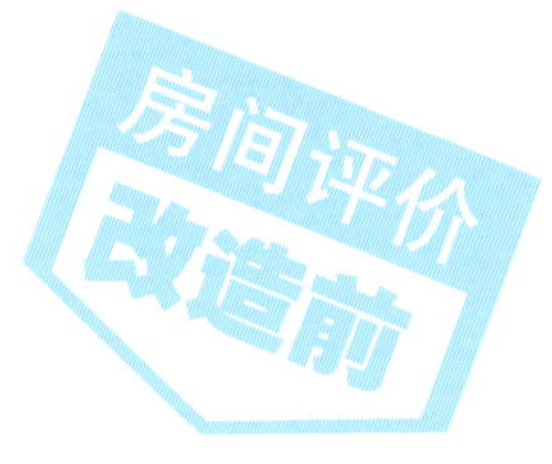

老房子，小二居，改造空间是12平方米的客厅。客厅面积很小，基本没有装修，房间昏暗、陈旧，电视与沙发不正对，影响观看；没有固定的餐区位置。

房主故事：

一对准备新房的幸福情侣，喜爱时尚空间，喜爱主题化设计。90后女孩儿喜欢Hello Kitty，喜欢粉嫩粉嫩的、梦幻的家。男孩儿的心愿是满足女孩儿的心愿，女孩儿满意他就满意，女孩儿开心他就开心。

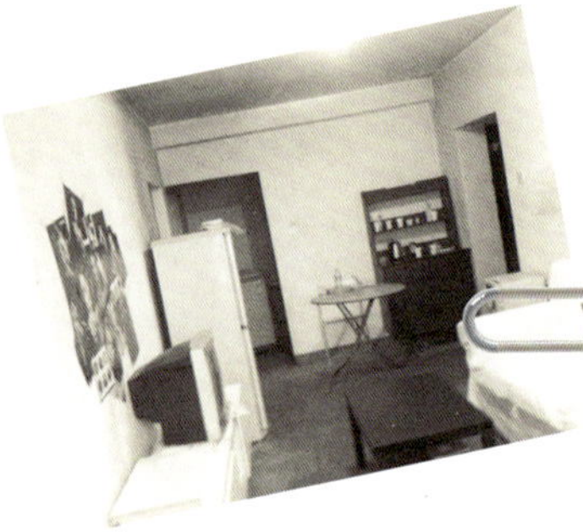

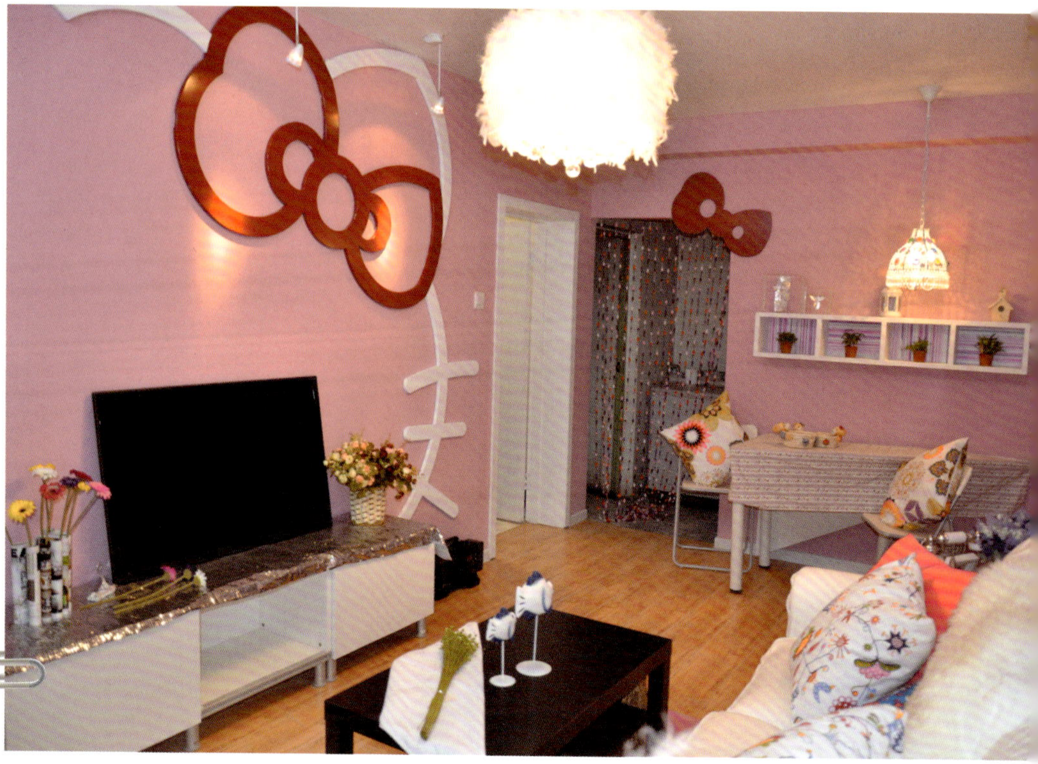

设计师：于蕴俪
毕业院校：天津科技大学
从业时间：8 年
设计理念：设计师不仅是艺术家，更是生活家，要学会生活、享受生活、品位生活，才能把设计带到真实的生活中去

房间评价 改造后

按照房主的诉求，主题定位为 Hello Kitty，设计风格定位为时尚、个性、甜蜜的现代婚房，称之为“甜蜜印记”……

羽毛灯、孔雀灯、柔软饰品、彩条壁纸相结合，搭配出女孩的梦幻童话蜗居。

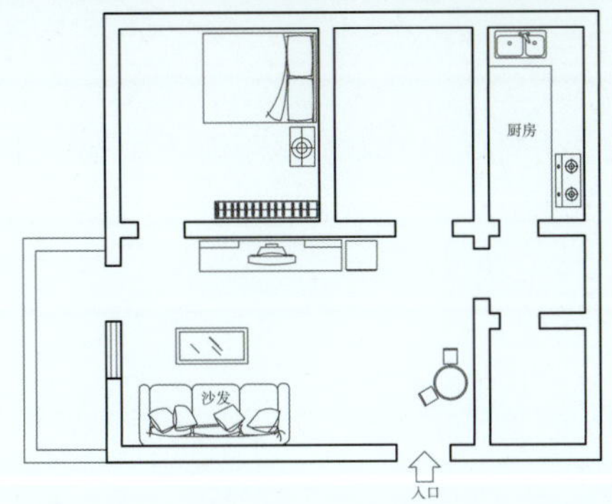

改造前平面图

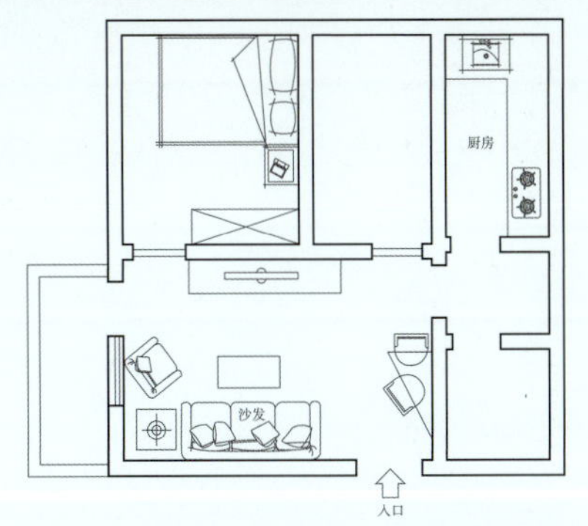

改造后平面图

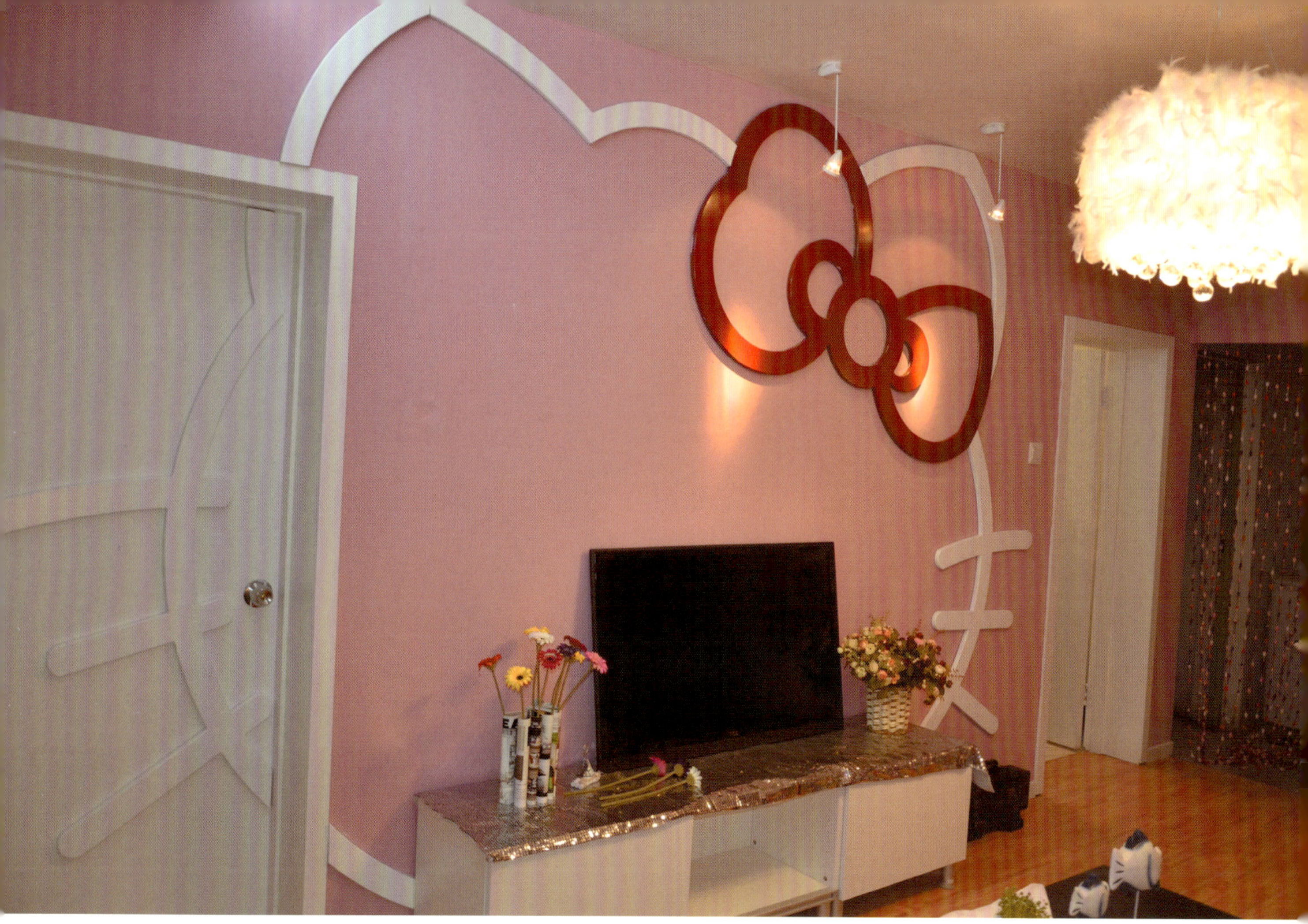

魔法01 个性主题电视背景墙

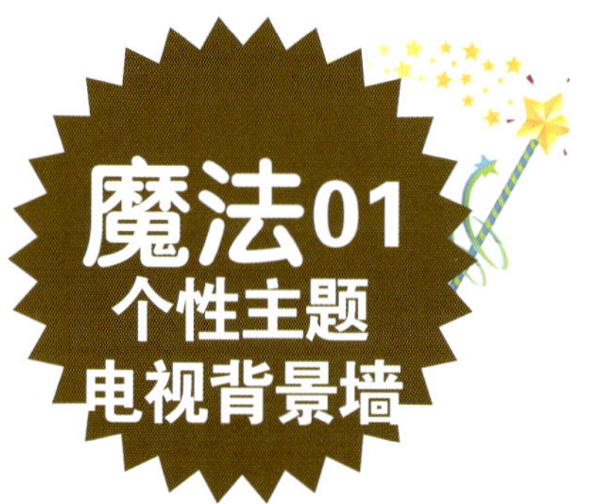

❶ 超大 kitty 猫图案作为电视背景，kitty 猫图案延伸到卧室门，也作为背景墙的一部分，这样电视背景墙变“长”了，电视可以正对沙发了。

❷ 电视虽然没有居中放置，但因为有造型墙的视觉引导，并不觉得偏。而沙发与电视正对，观看效果更佳。

1
2

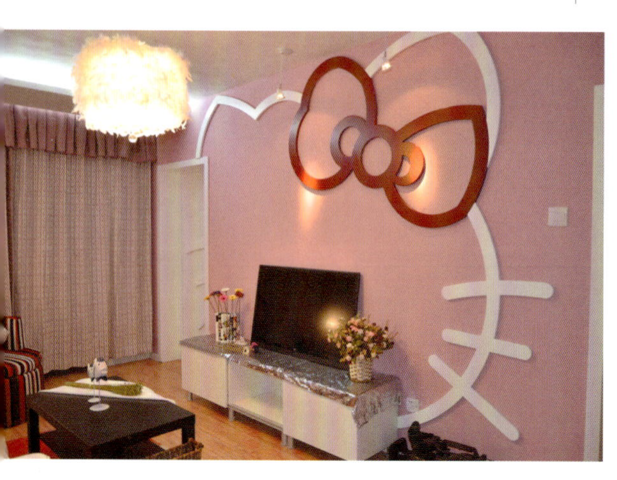

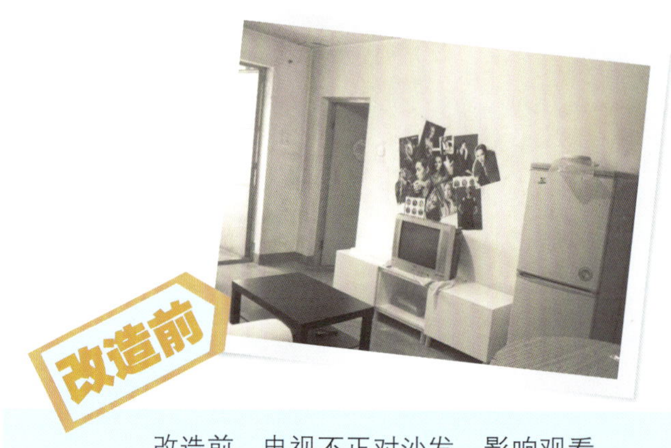

改造前，电视不正对沙发，影响观看。

魔法02 沙发区小书吧

沙发背景墙铺贴彩条壁纸，并搭配不规则相框，加上壁灯、台灯的设置，营造出一个适合休闲阅读的温馨角落，适合年轻人追求自我、舒适的需求，有一种“吧”的感觉。

改造前，单调的白色墙壁与简约白色沙发不够搭配。

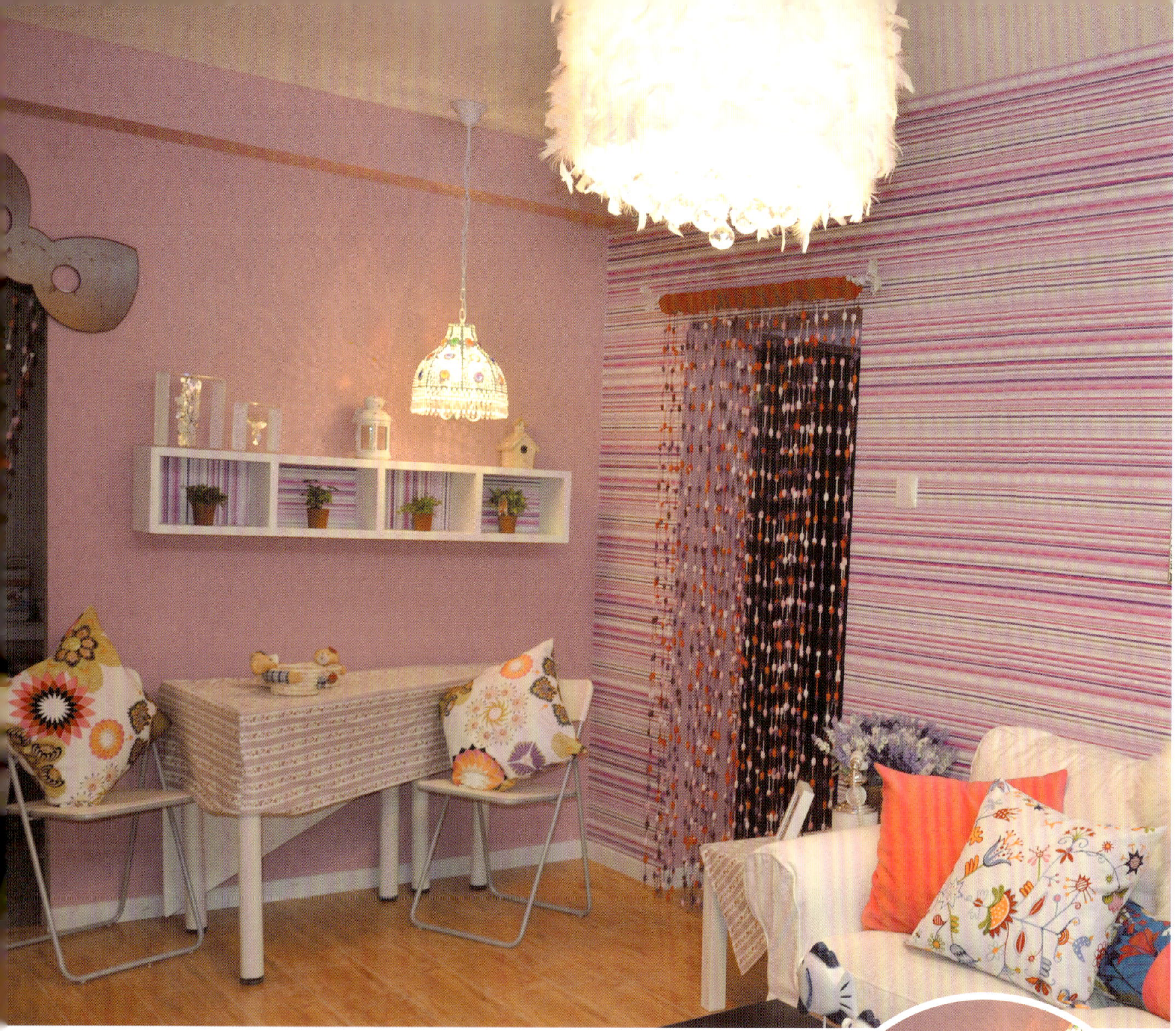

改造前客厅没有餐厅位置，由于入户门的右侧就是墙壁，只有一个狭小的条形区域可利用，如果设置一般常见的方形或圆形餐桌，就会挡住流动路线。改造设计定制了一个三角形的折叠餐桌，平时可供 2 人进餐，不影响出入大门、餐厅和卧室的活动。人多时，将折叠餐桌打开，可供 8 人用餐。

三角形餐桌摆放后，进出房门不受影响，就餐也更有安全感。餐桌上方的小展架，让餐区有了固定的位置感，独立餐区就存在得合情合理了。

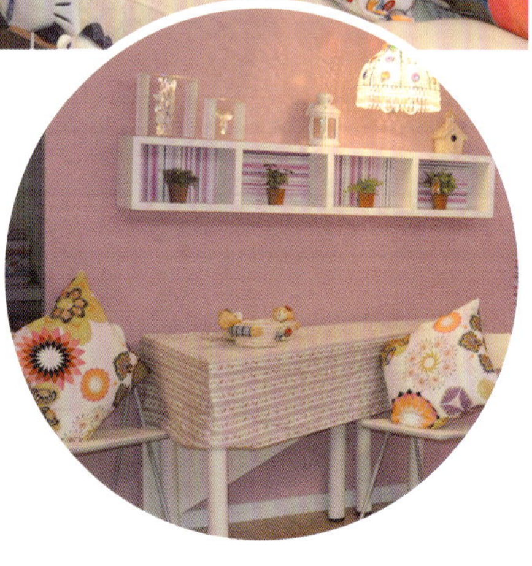

魔法03 定制三角形餐桌

改造前

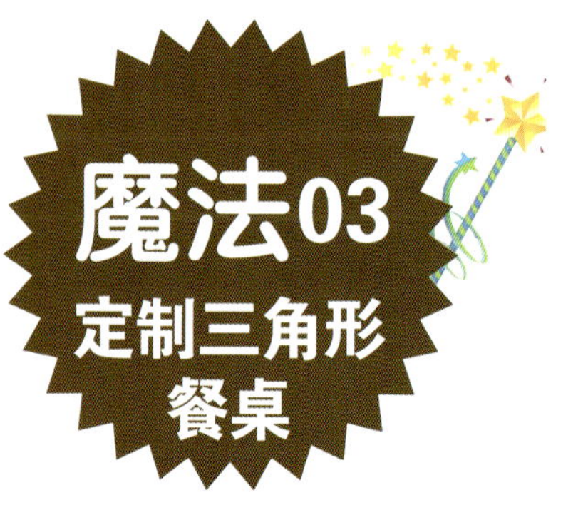

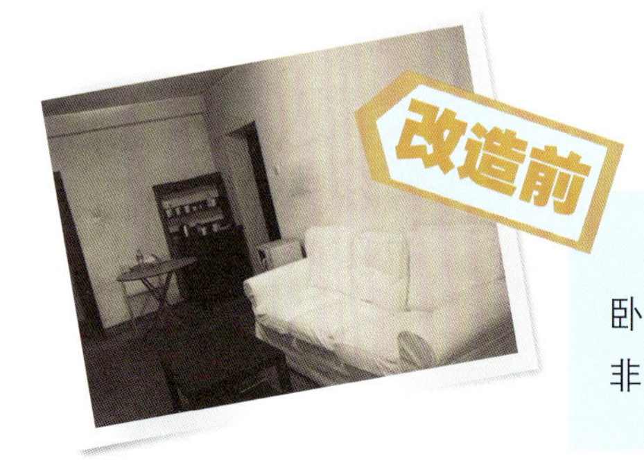

餐桌与入户门和一间卧室门正对，出入和就餐都非常不方便。

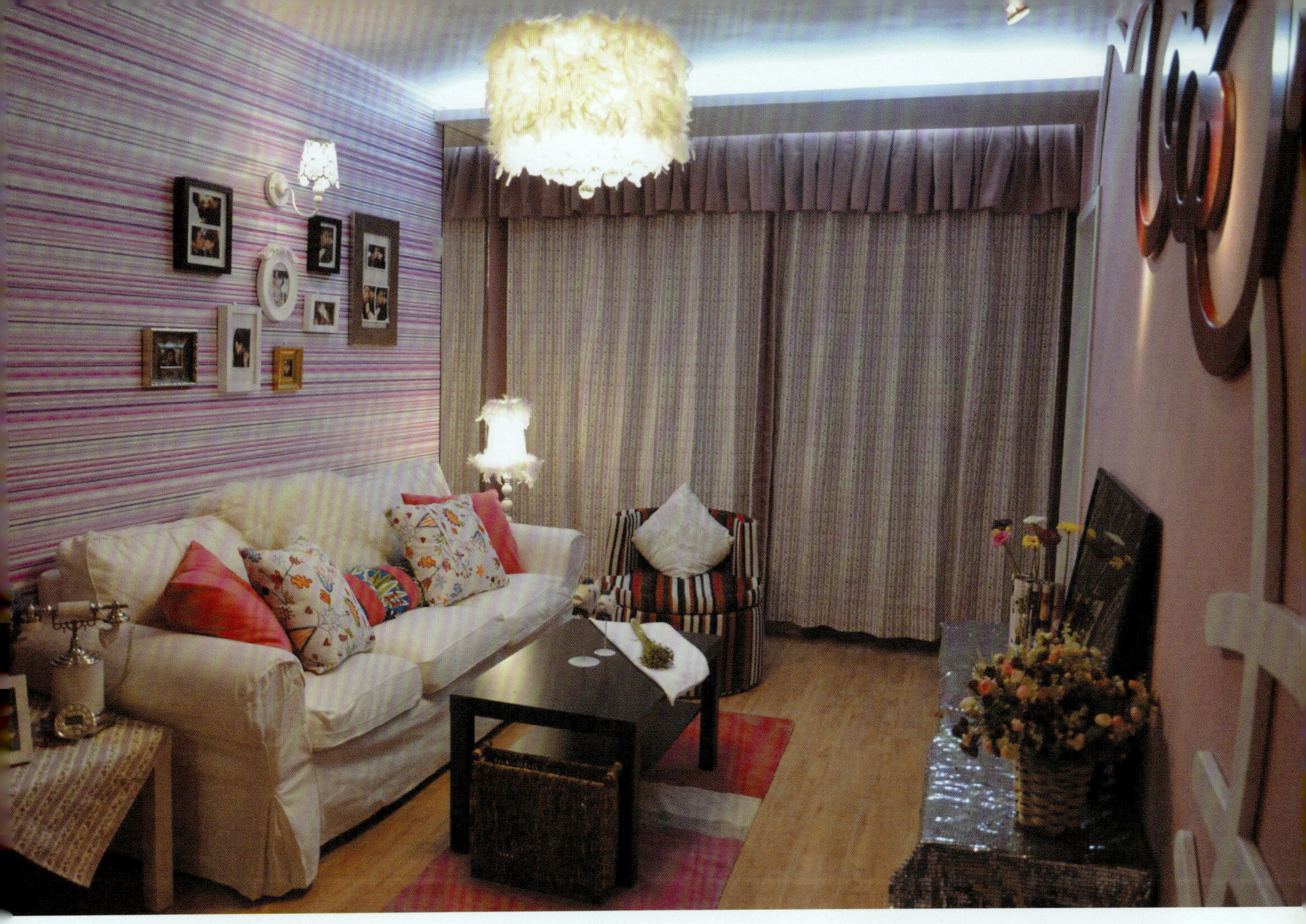

魔法04 灯光与软装饰

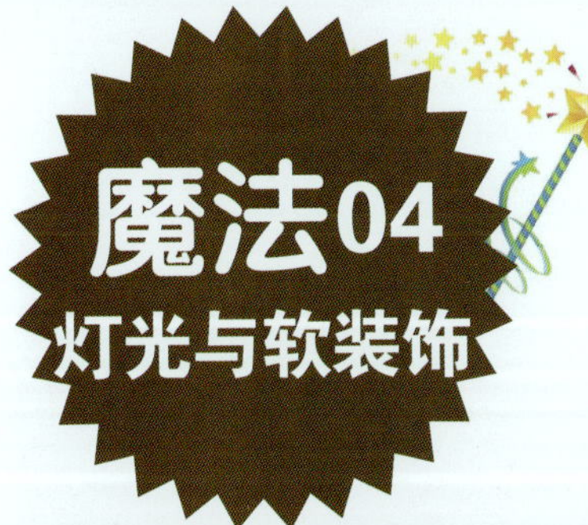

客厅照明使用了灯带、吊灯、壁灯、台灯、小射灯等多种光源，营造了丰富多变的光环境。羽毛装饰的水晶吊灯和台灯，玲珑的餐灯，小巧的花罩壁灯，淡淡粉色的布帘、桌布，色彩鲜艳的沙发靠垫，缤纷的珠帘……这些装饰元素的合理搭配，使空间氛围十分浪漫温馨。

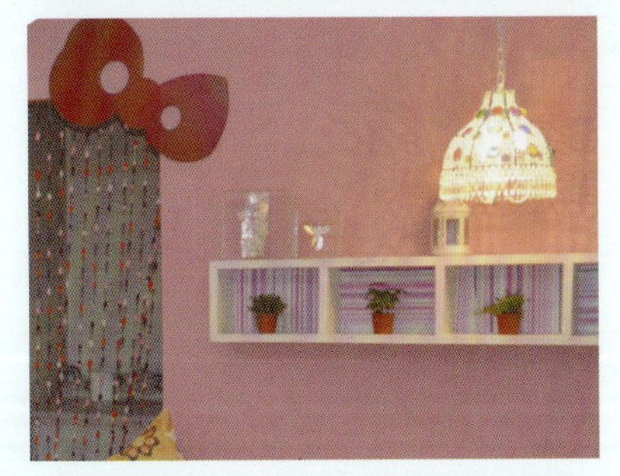

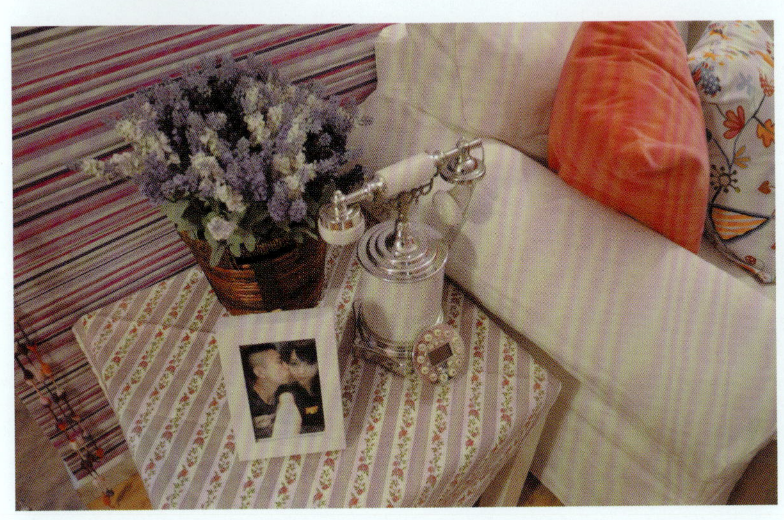

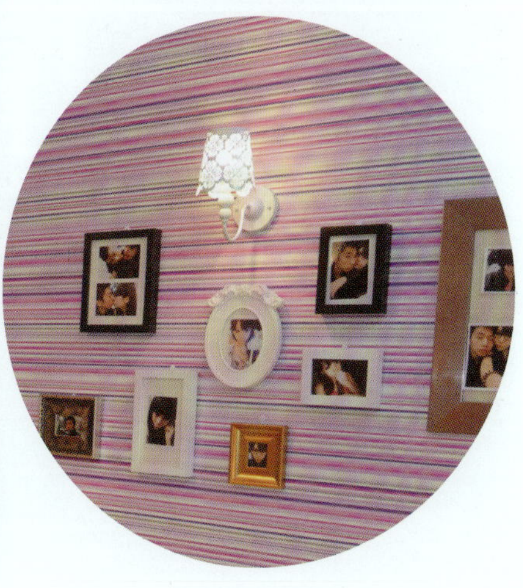

成本开销

壁纸：760 元　　羽毛吊灯：750 元　　窗帘：1160 元　　沙发装饰：220 元

壁灯： 120 元　　墙漆：360 元　　地板：2100 元　　卡通造型墙：980 元

照片墙 ：240 元　　羽毛台灯：160 元　　小沙发：700 元　　餐厅区域：1700 元

本案色调

主色调 + 搭配色调 

主题性设计

婚房不一定非要大红大紫。个性的、时尚的、专属的、温馨的就是一个很好的婚房！

主题设计中，需要充分理解主题里包含的专属元素，以及代表性的色彩，配合业主不同户型结构，去修饰和调整，扬长避短。在做设计的同时，更需要体验作为业主在空间色彩氛围中的感受，切身体会服务于人的精神、视觉、功能化等多重感受！

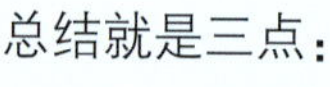

总结就是三点：

理解（理解客户需求，理解主题）；

创新（结合业主格局实际情况，在原有主题上创新）；

体验（体验业主的生活，体验房屋服务于人的所有感受）。

沐浴在玫瑰花的世界里

用玫瑰作为设计主题元素，是送给女主人的礼物，让她每天都沐浴在玫瑰花的世界里，回忆每一个浪漫的瞬间。

这也是时时刻刻提醒男主人生活可以如水平静，但有时候也需要浪漫。

玫瑰之约 沐浴在玫瑰花的世界里

MEIGUI ZHIYUE

改造前评述：

整个房间只是家具的简单摆放，缺少装饰和风格。储物空间少，很多东西放不下。房间的隔音效果也很差。

房间评价
改造前

房主故事：

男主人是个标准宅男，女主人是个爱美小白领。两人从相恋到结婚，然后归于平静的家庭生活。女业主希望生活多一点浪漫，同时爱美的她想要一个足以容纳她美鞋的女王般的鞋柜，而男业主则希望能有一个多功能休闲区。

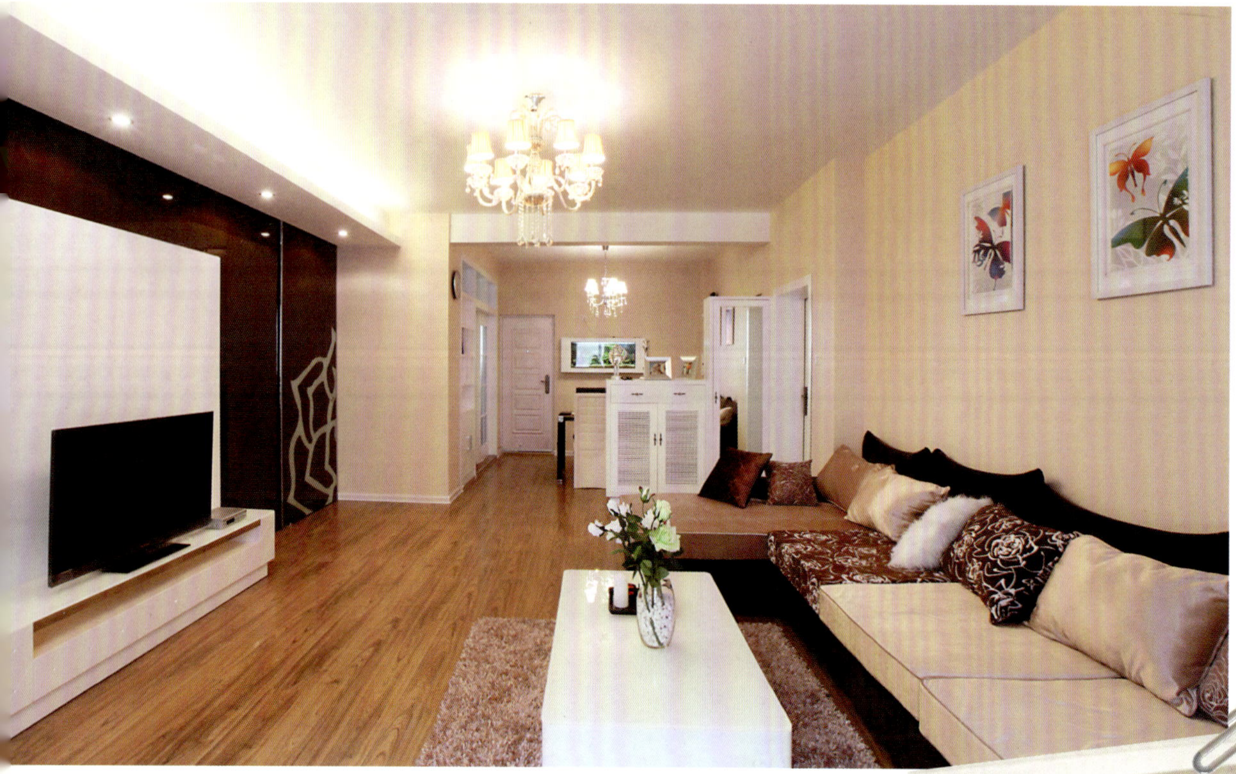

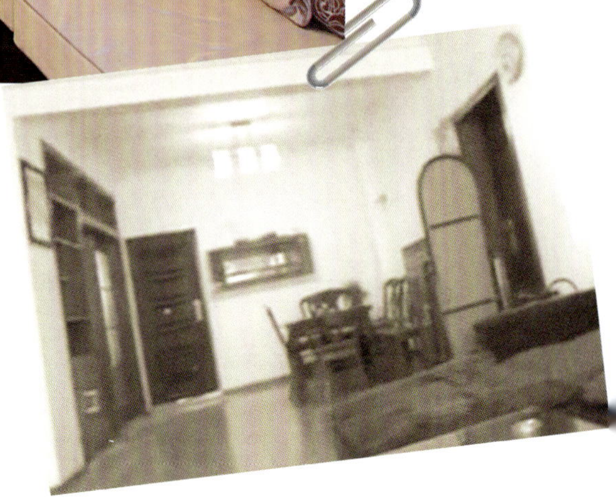

设计师：周 艳

毕业学校：桂林电子科技大学

从业时间：5年

设计理念：收纳是一门科学，我们在注重空间的打造的同时也不要忘记这点，这样我们尽心力打造出来的空间才能更久地维持完美。

改造后增加了房间的收纳空间，并将其合理规划，增加了一些实用的小物件，改变原本凌乱的局面。同时，赋予房间一个浪漫的主题，让原本单调的空间鲜活起来。

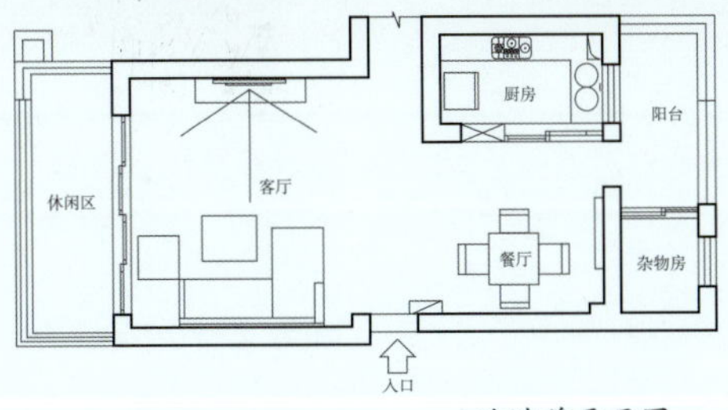

改造前平面图

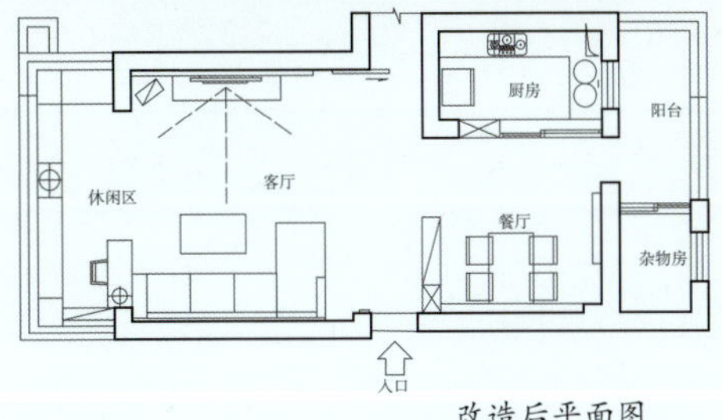

改造后平面图

魔法01

玫瑰花玻璃隐形门

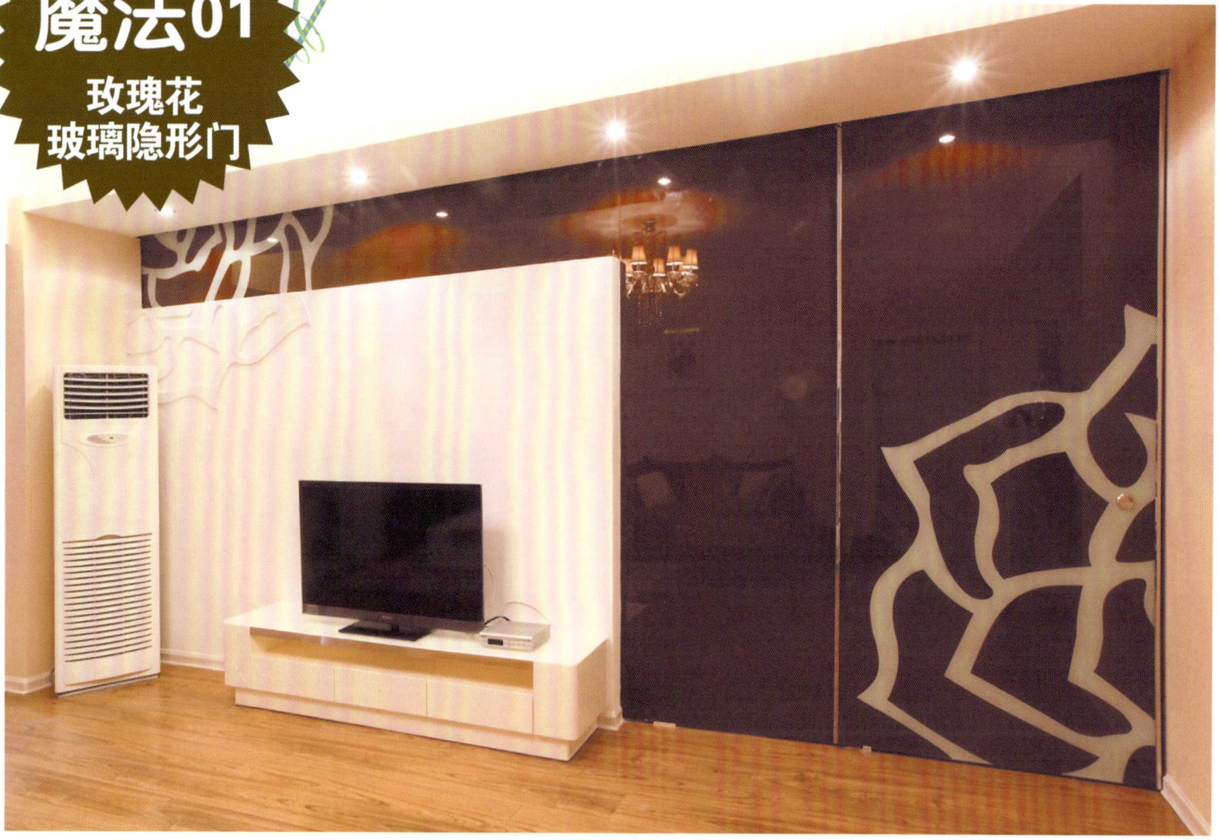

玫瑰花玻璃推拉门的好处在于，把走道入口归纳到背景墙的范围里了，是一个移动的造型，最重要的是满足了男主人周末不被电视干扰的需求。

改造前

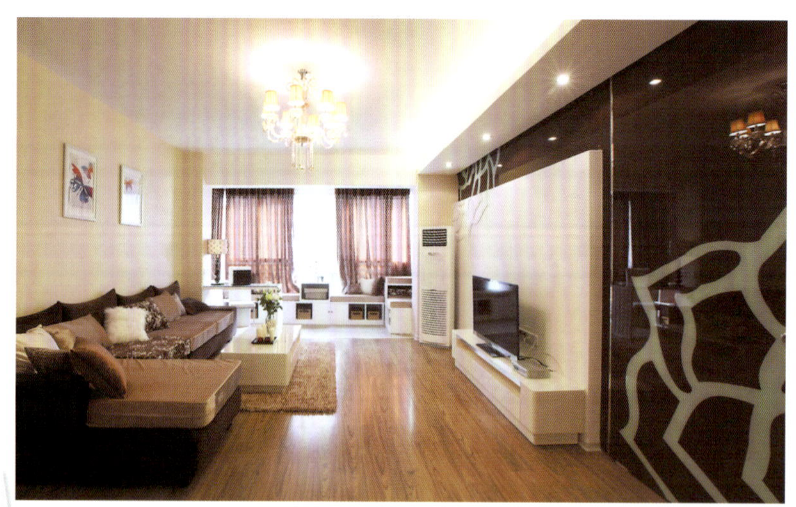

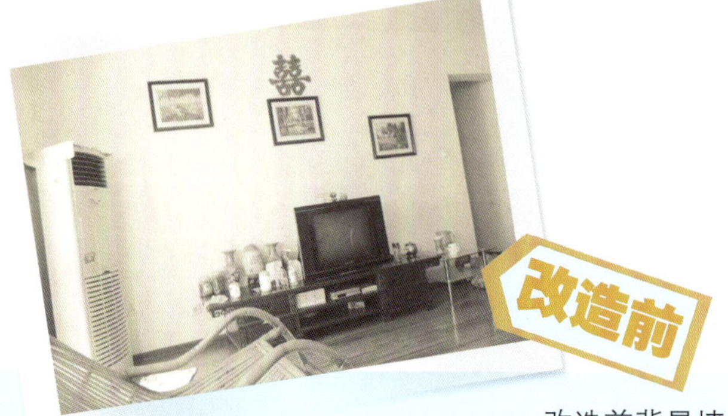

改造前背景墙单调没有主题，过道入口与背景墙不是一个整体。

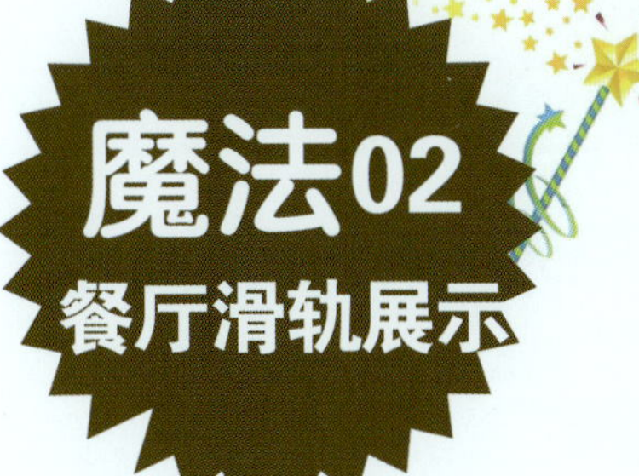

魔法02 餐厅滑轨展示

餐厅墙上内嵌的展示滑轨可以方便层板和装饰框的位置随心所欲地变更，便于陈列照片和从世界各地搜罗回来的工艺品摆件，设计师希望业主每次看到它们都有美好的回忆。这也是女主人要求的浪漫之所在。其实浪漫并非单单靠装饰风格来营造，更多时候是来自有情趣的生活态度。

改造前

改造前餐厅家具颜色陈旧，缺少设计气息。

魔法03

多功能休闲阳台 多用途沙发

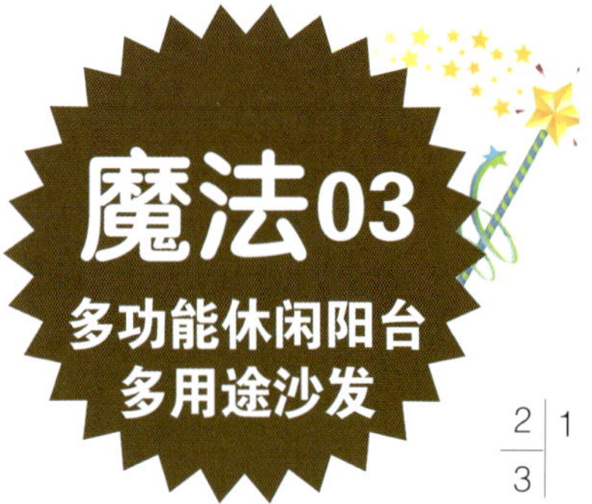

2 | 1
3

❶ 阳台被改造成了集上网、阅读、休闲和收纳为一体的多功能休闲区。功能的重叠是通过空间重叠法实现的。

❷ 当来访朋友多的时候，沙发柜上的方木框可以轻易地搬下来当方几用，再在原来的地方放上垫子，就加长了座位 。

❸ 沙发没有换，只是增加了色调和谐的海绵垫和靠垫。选用的元素是和窗帘相呼应的玫瑰，既和谐地统一了空间的视觉感，又让浪漫随处可见。

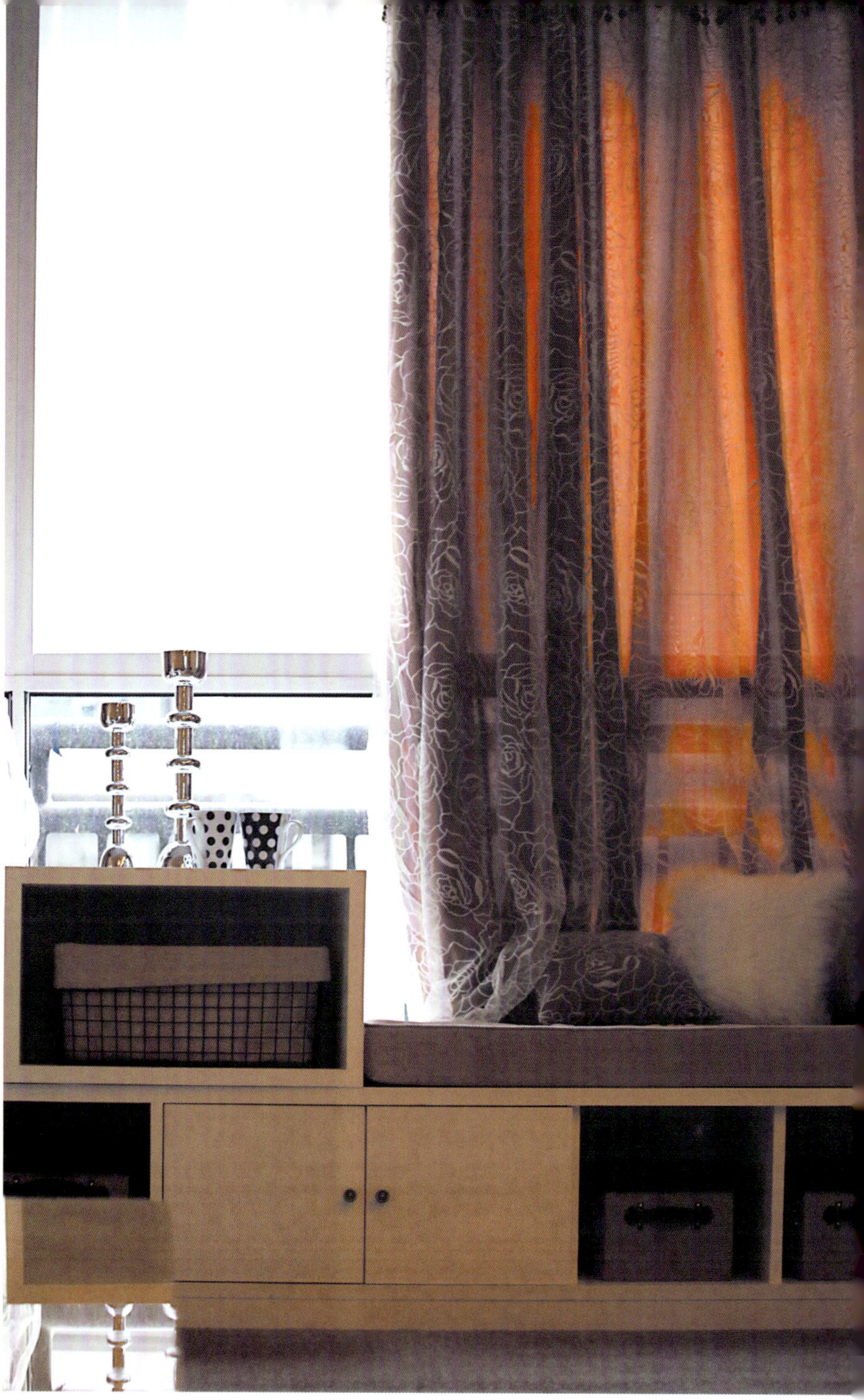

改造前

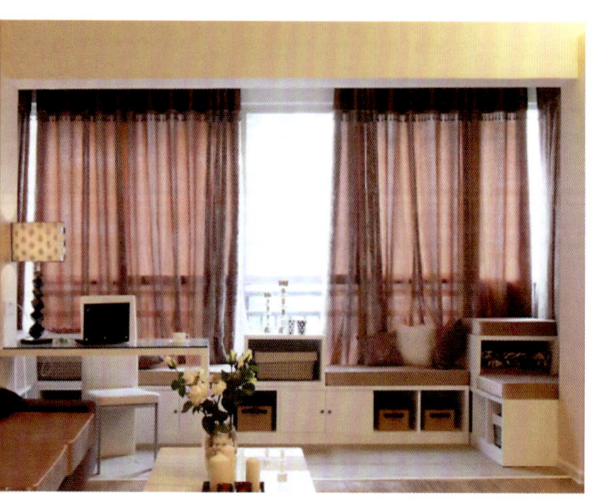

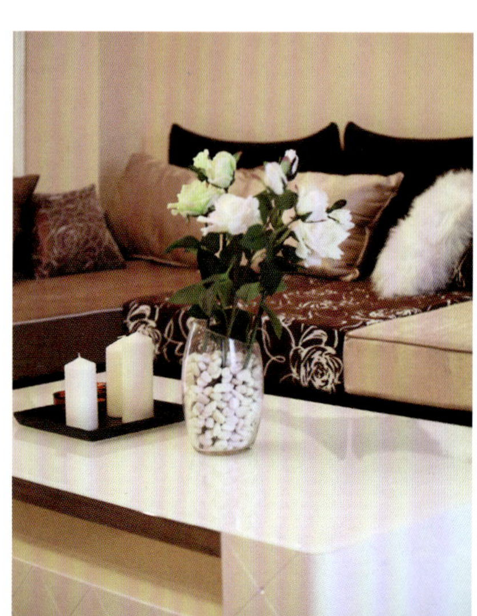

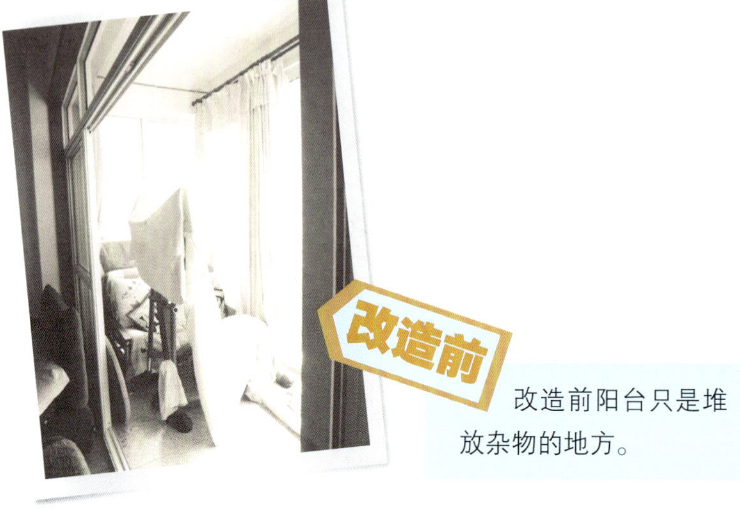

改造前阳台只是堆放杂物的地方。

魔法04 多功能鞋柜兼作玄关

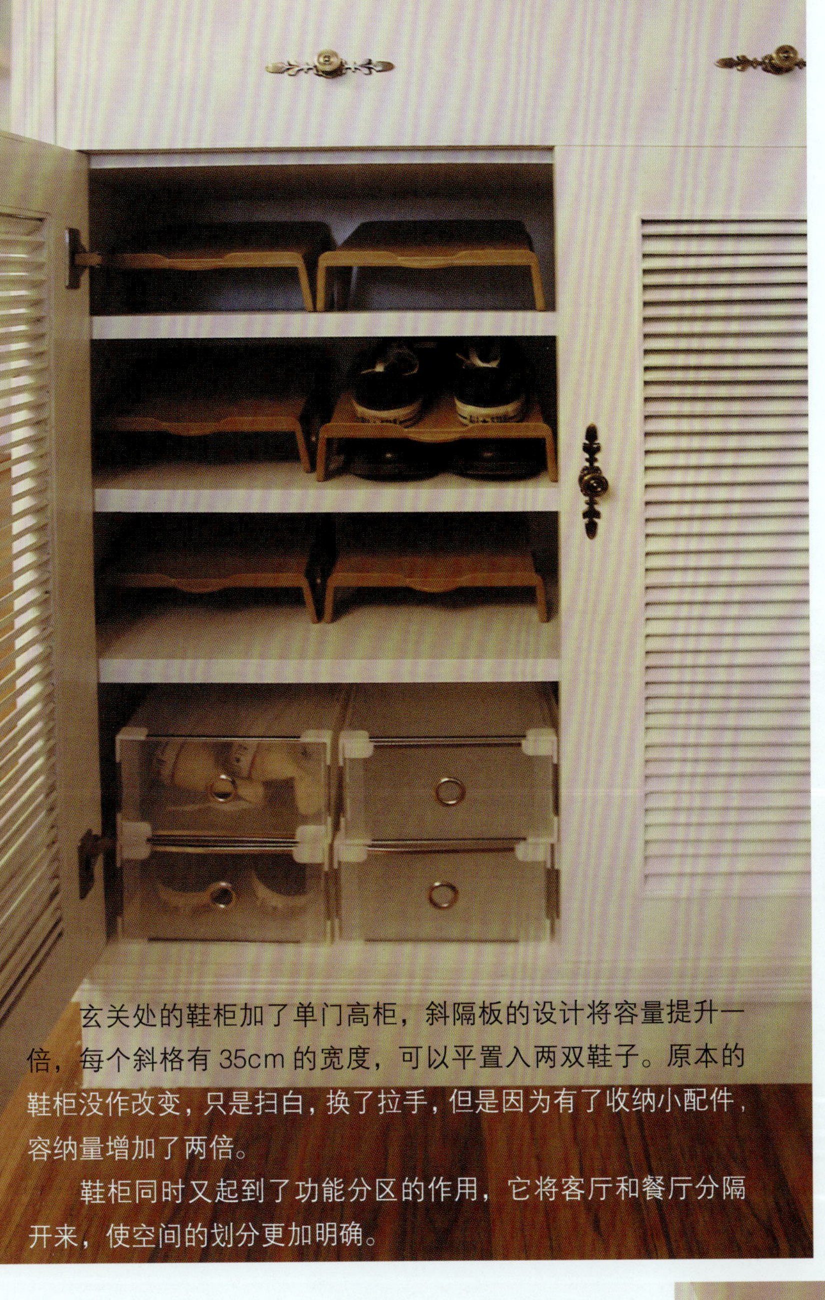

玄关处的鞋柜加了单门高柜，斜隔板的设计将容量提升一倍，每个斜格有 35cm 的宽度，可以平置入两双鞋子。原本的鞋柜没作改变，只是扫白，换了拉手，但是因为有了收纳小配件，容纳量增加了两倍。

鞋柜同时又起到了功能分区的作用，它将客厅和餐厅分隔开来，使空间的划分更加明确。

改造前的鞋柜已经无法负荷日益增加的鞋子了。

成本开销

餐区背景墙：1700 元 **鞋柜：700 元** **布艺 + 壁纸：3000 元**

电视背景墙：2300 元 **灯具：1600 元** **配饰：700 元**

本案色调

主色调 + 搭配色调

如何选择布艺窗帘

随着“轻装修，重装饰”理念的深入人心，作为软装饰重要手段的布艺窗帘越来越受到重视。

选择布艺窗帘有以下小窍门：

1. 色彩

在选择窗帘前应先考虑室内设计的色彩是什么，进而进行更加合理的搭配。若墙面大、窗户小，用对比色也能取得理想效果，比如红与绿、黄与紫等，但也不可对比过于强烈。

2. 质地

要根据环境与季节进行变换，不同质地 的窗帘能使室内出现不同的气氛，如抽纱空花窗帘，既挡烈日，又使室内保持明亮、光洁；而厚重的灯芯绒、平绒窗帘在防止噪音干扰方面效果较好。

3. 尺寸

窗帘的长度约长于窗台 20 ~ 30 厘米为宜，以免被风吹起，露出窗框。若两扇窗相隔很近，就用两块窗帘将窗联成一个整体。选用落地窗帘则要高出地面 5 厘米左右；其宽度可按窗口宽度乘以 1.5 ~ 2 倍的比例制成。

芳香之旅

在云中做着甜甜的美梦
在月亮之上眺望璀璨的星空
轻纱幔帐中的小主人
有些小小的傲慢
有些小小的任性
这就是粉红色的小公主
在属于自己的空间里
一点一滴地记录着公主日记

公主日记 芳香之旅

GONGZHU RIJI

改造前评述：

改造前的房间布局中规中矩，色彩暗淡沉闷，完全体现不出房间主人的个性与爱好。房主希望设计师可以为自己的女儿重新设计一款属于女儿的公主房。

房主故事：

房主夫妇是国企的科研人员，将自己的一生都奉献给了国家的科研事业，平时对自己居住的环境并不是很关注，只求舒适、自然、环保。14 岁的女儿被视为掌上明珠，平时学习钢琴。随着女儿年龄的增长，老式呆板的儿童房已经不能满足小主人的需求。

设计师：孙家梁
毕业学校：韩国顺天乡大学
从业时间：4年
设计理念：拒绝千篇一律的复制，每一个空间都该赋予它一个专属的灵魂

房间评价 改造后

这间儿童房的设计设计师自己很喜欢，相信房间的小主人也会很喜欢。设计时没有太过主观地去考虑小主人父母的想法，也没有完全按照小主人的描述去进行房间改造。因为孩子的想法有时会有一些偏离现实，而按照大人们的思维方式又往往不能给予孩子真正想要的东西，比如上下铺的双层床。所以，设计师按照自己的思维做出了这样的设计。事实证明，他给了大人们想要的东西——环保和适用，也给了小主人想要的东西——色彩和梦。

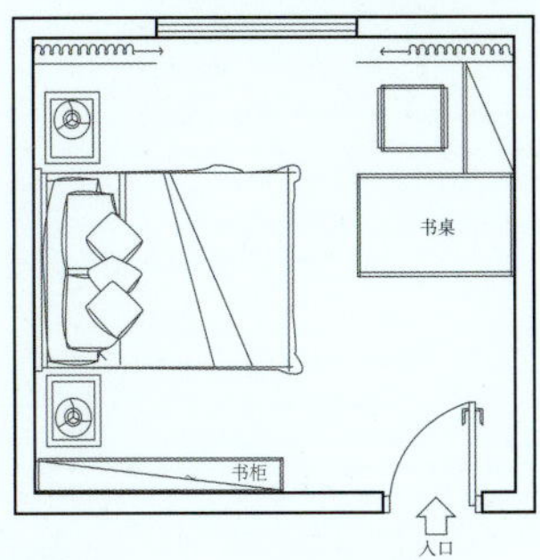

改造前平面图

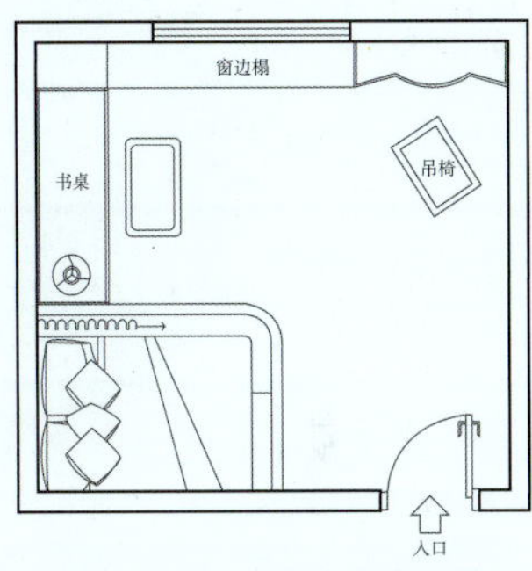

改造后平面图

1
2

① 卧室里的秋千可以随着公主的心情自由荡漾。让卧室不再局限于学习和睡觉两种功能，更具有“玩”的休闲功能。

绿色的幸福树陪伴着小公主一天天的快乐成长（花池底部做了防水和排水处理），为卧室增添了一抹大自然的颜色。

② 在墙上用手绘的形式划分出记录每天心情日记的区域，记下重要的日子和心情，比原本毫无变化，只依靠几张卡通海报来做点缀的白墙更具有生命力。

原先的布局和装饰比较呆板，色彩暗淡，缺少童真的感觉。

1 云朵般质地的落地床，舒缓流畅，构成了整个童话世界，承载着小主人的美好期愿。

2 屋顶上羽毛造型的灯，在纱幔之中若隐若现，为公主般的童趣增添了梦幻色彩。

3 床边的照片墙记录着小主人的成长经历，伴随着她的每夜好梦。

4 独特的床边造型，使整个休息区域给人一种静静的舒缓之感，也使床和书桌自然和谐地融合到了一起。中间的空场将视觉空间提升到了极限。

1 | 2 | 3 | 4

改造前

改造前的休息区缺少特色，空间利用不合理，缺少摆放物品的地方。

月亮型的窗边榻充满了迪斯尼式的童话色彩，既美观又可以作为边椅用，还可摆放小主人心爱的绒毛玩具。为房间增添了一抹温馨浪漫。窗榻下面的抽屉设计还提供了收纳储藏空间。

树叶型的窗帘带来大自然的感觉，窗框、窗帘及窗边榻的白色与墙壁的粉色构成完美搭配，使整个空间成为童话中公主的世界。星星形状的吸顶灯与月亮窗边榻交相辉映，仿佛在诉说着星月童话的传奇。

改造前

改造前的窗边比较单调，只有几个盆栽可以稍作装饰，暖气片的位置也不太妥当，占据了部分空间。

魔法04 再造收纳及阅读空间

书桌与床榻完美地结合到一起，为小主人提供了一个收纳及阅读的好场所。暖气片的位置也有了更为合适的安排，这样就提供了更为宽敞的开放空间。

墙面部分的空间也得到了更好的开发利用，这样小主人的玩具们就有了更为舒适的小家了！

充满童趣的可爱玩具可以出来畅快地呼吸了，每一位来访的客人都能感受到它们在热情地向你打招呼哦！

改造前

改造前床的位置不太合理，床边空间狭小，未得到有效利用。

成本开销

木制作：3000 元　　**床品装饰：4000 元**

地板：2000 元　　**工艺品：500 元**

本案色调

主色调 + 搭配色调 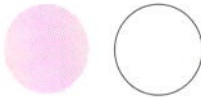 + 

儿童房的设计技巧

1. 不要认为儿童房的设计是一成不变的，因为孩子在成长，孩子的房间也要跟着一起成长。

2. 不要认为所有明艳的颜色都适合儿童房，不同的颜色会对处于成长期的儿童造成不同的心理暗示，了解你的孩子才能找出最适合孩子的颜色。

3. 多一些创意，哪怕这些创意毫无实际用途，但至少你的孩子知道，这个设计是为他精心打造的。

4. 不要完全听从孩子的想法，孩子的想法固然重要，但是还需要运用大人的智慧去为孩子做长远的打算。

5. 在空间设计时给孩子留出一片天空，这样你的孩子会更加喜欢。

6. 坐在地上去观察整个空间的设计，因为这才是儿童的视角。

与众不同的故事

设计就像拍电影，我们是讲故事的人。

每个家庭都有己与众不同的故事。在这个典型的中国式家庭——三口之家、中年夫妻的生活里，更多的是心静如水的平淡。

设计运用了不落俗套的色彩、图案和材质，为生活注入了活力和时尚。

都市奏鸣曲 与众不同的故事

DUSHI ZOUMINGQU

改造前评述：

空间比较平淡、单调，家具也较为琐碎，电视墙、沙发背景墙原来缺少装饰，而房间的高度更使得整面墙显得空空荡荡。

房主故事：

房子的客厅有 30 平方米，几年前装修的时候，只考虑了实用性，住久了感觉缺少一些情调。现在孩子也上中学了，有了自己的房间，夫妇二人觉得是时候让客厅变个样子了，给生活增添些情趣。

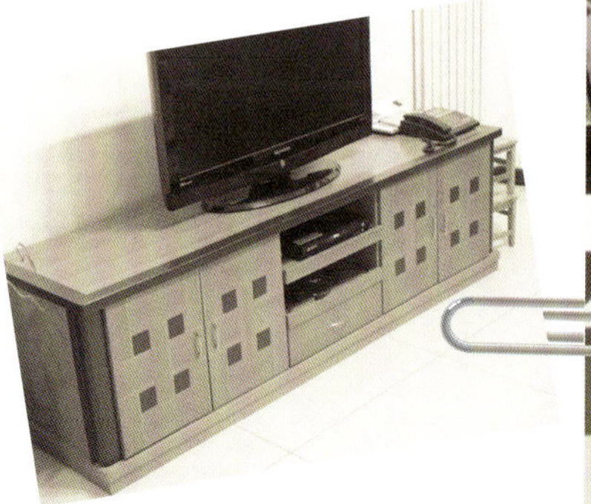

房间评价
改造后

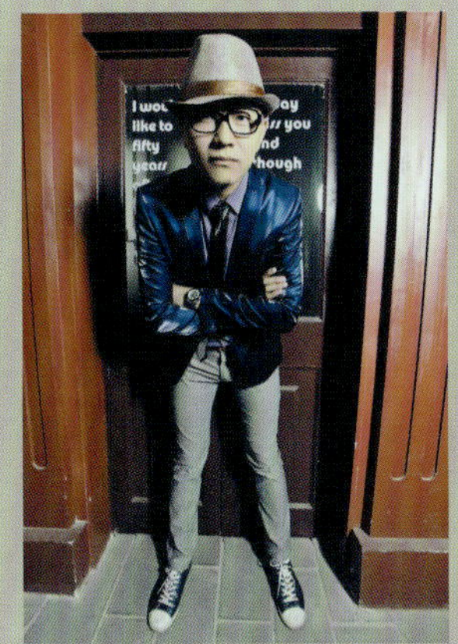

设计师：曹 杨（国家注册高级室内建筑师）

从业时间：11 年

设计理念：功能性是设计的源动力，美观度是设计的兴奋剂，设计就是理性与感性的结合体！

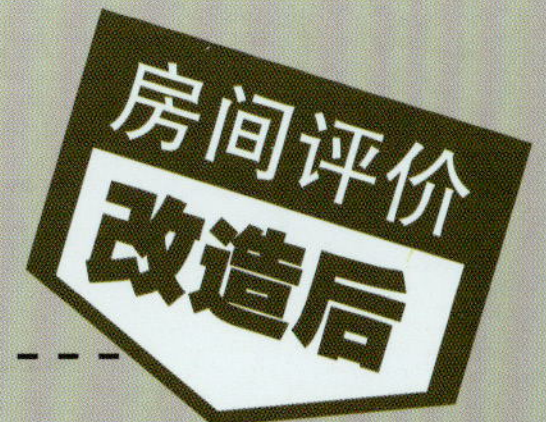

原来的空间效果保守，缺乏时尚，设计运用材质、图案、色彩，使空间华丽转型！石塑地板、喷绘壁纸、皮革纹壁纸为房间带来新意，温暖的壁炉、时钟投影灯又给空间营造了优雅的情调。独特的设计犹如一首都市奏鸣曲，空间有起有伏、有节奏、有韵律、有活力。

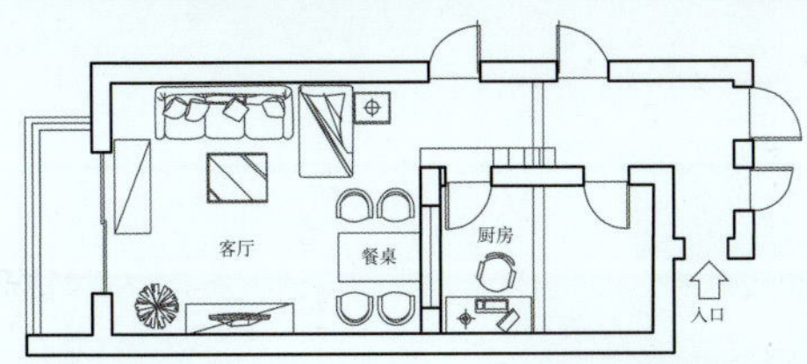

改造前平面图

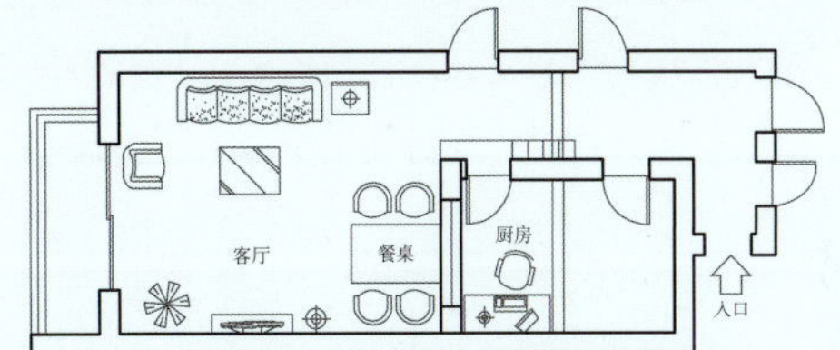

改造后平面图

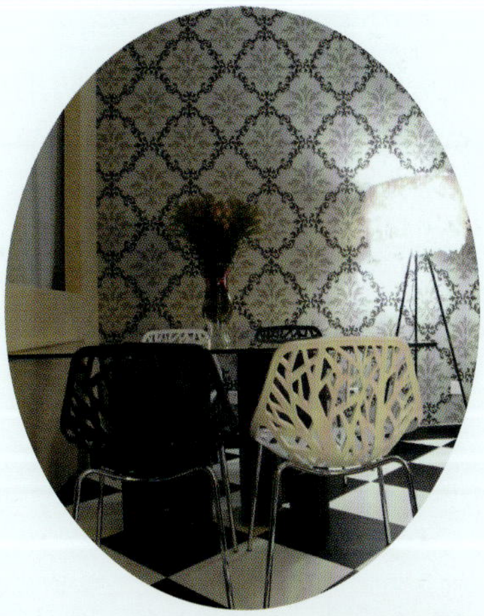

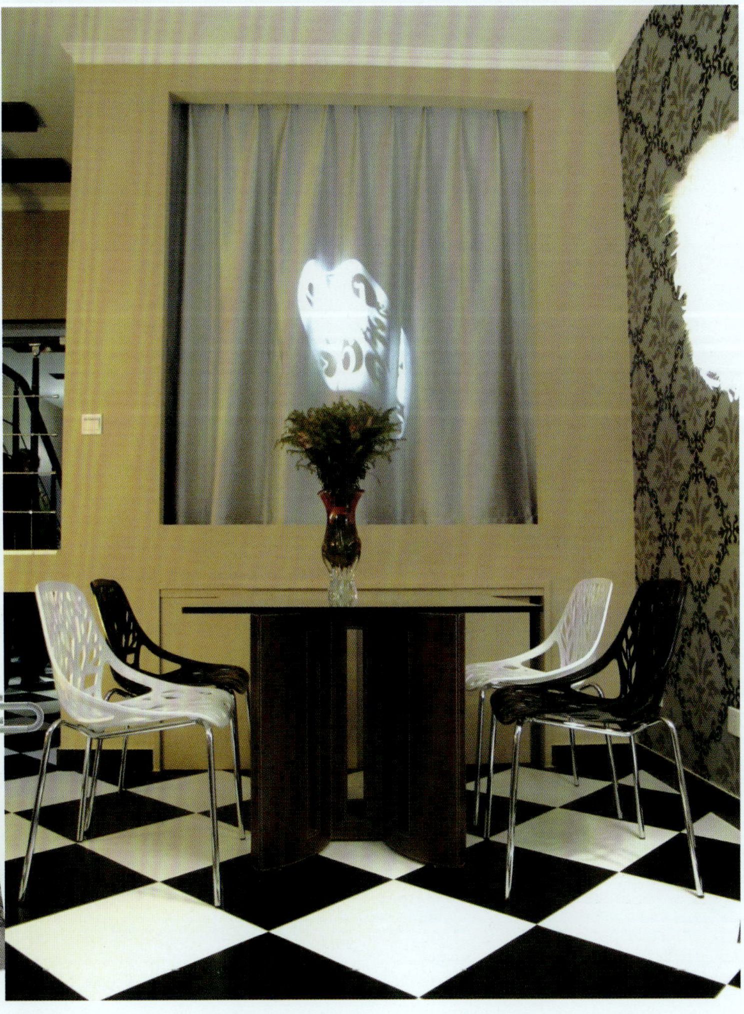

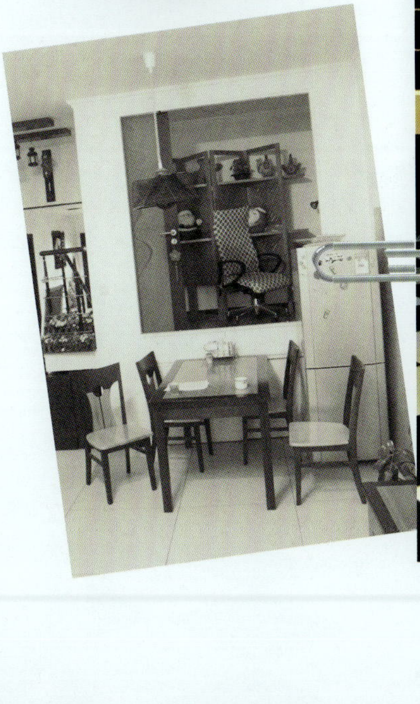

魔法01 石塑地板 石材壁炉

地面改造采用了石塑地板，即 PVC 片材地板。这种新型地面装饰材料采用天然大理石粉构成高密度、高纤维网状结构的坚实基层，表面覆以超强耐磨的高分子 PVC 耐磨层，具有超轻薄、超强耐磨、防火阻燃、防水防潮、安装方便、导热保暖、保养方便、环保可再生等特点，品质很高。

黑白对比的格子地板富有节奏感，赋予空间现代气息，给人以大气感。

改造前稍显平淡的地面与墙面。

客厅层高达 3 米，但房间长度却因房主之前的装修而缩短了，为了增加客厅空间的进深感，立面必须有能压住整个空间的物体，石材壁炉就是这一处理方式的最佳选择。白色石材与黑色玻璃钢炉膛的搭配，庄重、现代，又有一点奢华的感觉，与黑白格的地板也取得了协调统一的效果。

魔法02 喷绘壁纸和皮革纹壁纸

❶ 家居装饰中，沙发背景的挂画配饰是非常重要的，往往一副图面的效果就能决定整个空间的风格和品位。大尺寸的装饰画更是能够有效填补墙面的空白，并营造特定的氛围。但大尺幅的装饰画如果买成品，价格昂贵，而且搬运安装都是问题。喷绘定制壁纸不但能有效解决安装问题，而且价格实惠，是家居装饰的一个很好的选择。

繁华都市夜景的大型喷绘壁纸挂画，现代气息凸显，使人有置身于欧美都市的摩登感。

❷ 与沙发背景墙正对的电视背景墙，采用了人工仿制皮革纹壁纸，低碳环保，又迎合了当代皮纹、撞色和金属感等时尚元素，皮革银色金属质感，搭配新古典元素的图案，正好与壁炉相得益彰，张弛有度间，形成空间节奏感。

改造前，层高较高，墙面没有装饰物，比较空荡。

魔法03 布帘重塑餐区

① 改造设计用一席布帘划分了就餐空间和书房空间，两个空间彼此独立、互不干扰，就餐环境变得优雅而富有格调。墙面刷土黄色涂料，界定出餐厅的空间区域。

② 玻璃钢台面结合皮革支架的餐桌，造型简洁、时尚，呼应音乐主题的黑白玻璃钢椅子。

羽毛材质的落地灯、皮革纹壁纸与玻璃钢餐桌椅的搭配，既有对比又有呼应，空间质感凸显。

2
1

改造前

改造前，餐区处有一个跃层小间，与餐区没有隔断，影响餐区的使用。

魔法04 时钟投影灯

灯光在室内装饰中是非常重要的元素，以往大家多会注意灯光的照明亮度和色温，却很少人会关注灯光其实也可以带来图案的构成美感。这次改造使用的投影灯，既有时钟的实用性，又有光影带来的美观。在原有窗洞位置安装的窗帘，犹如幕布，配合投影灯，给人一种举重若轻的感觉。

透明材质的投影灯，璀璨夺目，瞬间提亮了整个空间。

改造前

客厅在白天自然采光较好，夜间就比较昏暗，而且整个空间缺乏气氛和情调。

成本开销

石塑地板：800 元	**壁炉：2000 元**	**皮革纹壁纸：400 元**	**餐桌椅：1500 元**
喷绘壁纸：1000 元	**沙发：2000 元**	**地毯 + 茶几：900 元**	**灯具：1400 元**

本案色调

主色调 + 搭配色调  +  

壁纸的选购技巧

与墙面漆相比，壁纸具有图案丰富、更换方便、透气性更好、易于打理、环保等优点。

选壁纸时，首先要看壁纸的表面是否存在色差、皱褶和气泡，壁纸的图案是否清晰，色彩是否均匀。应选择光洁度较好的壁纸。用手摸一摸壁纸，看纸的薄厚是否一致，手感较好、凹凸感强的产品，应该成为首先考虑的对象。

选购壁纸时，要看清所购壁纸的编号与批号是否一致。有的壁纸尽管是同一编号，但由于生产日期不同，颜色上可能发生细微差异，常常在购买时难以察觉，直到贴上墙才发现。每卷壁纸上的批号即是代表同一颜色，所以，应避免壁纸颜色的不一致影响装饰效果。还要闻一闻，壁纸应无刺鼻气味，同时还要检查其环保性能。

奔向内心深处最向往的地方

风吹过，将沙土的印记抹去，但抹不去印在他们内心深处情感绿洲中的足迹，争吵、相拥、相伴都将沉淀在记忆的河床上。

他们如此幸福快乐，我想让大家与他们一起分享那一串串足迹中的故事。

足　迹 奔向内心深处最向往的地方

ZUJI

改造前评述：

原有室内色调较暗，色彩杂乱，物品摆放凌乱，加上装修自然损耗与老化，整体室内空间效果较差，无风格、无主题。

改造设计思路：从建筑本身出发，提出建筑的优缺点；将室内功能完善，在使用上更方便、合理；美化居室环境，突出主题。

房主故事：

这套房子的男女主人工作在北京，平时工作比较紧张，向往自由自在的生活，空余时间他们背起旅行包，与自己最爱的人奔向内心深处最向往的地方，足迹遍布美洲、大洋洲、东南亚等地。

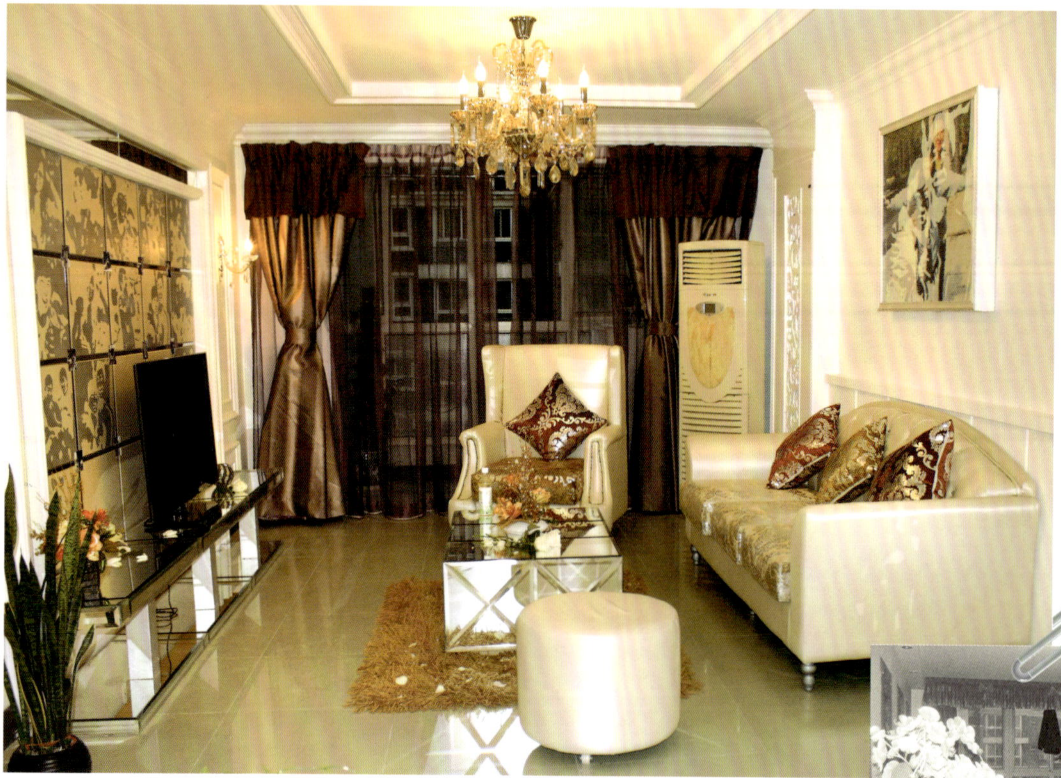

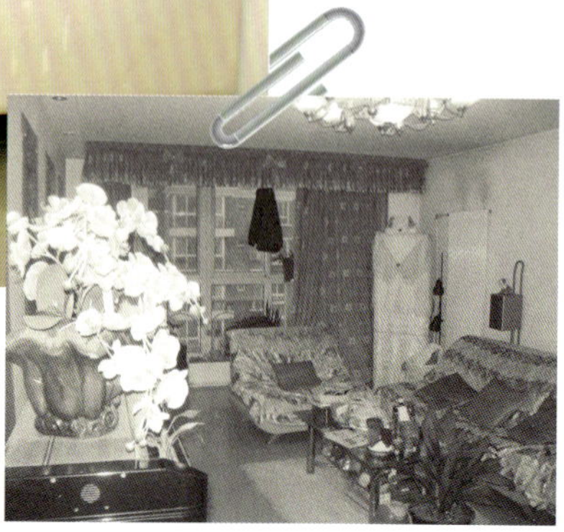

设计师：邓　洋
毕业院校：黑龙江大学
从业时间：9 年
设计理念：用生活本源在组构设计元素的联系、渗透、互补之间拿捏平衡。

美国人的生活方式在粗犷中透着精细，将外来文化与本土完美结合，打造舒适、自由、放松的居住环境。这也是我在众多国度中精心提炼出的适合大部分人的生活方式，用这种方式来引导我们的住宅环境美化程度与方向，让家的内容更加丰富。犹如一杯醇厚的红酒，举杯观色泽、摇晃嗅酒香，入口舌尖轻轻抚摸红酒光滑的皮肤、舌根味蕾品尝到它的体香，当我们轻轻咽下时仿佛将我们最爱的人拥在怀中般的感觉，让人回味无穷。不再拘泥于它的形式，无论何时都那么的意味深长，让人流连忘返。

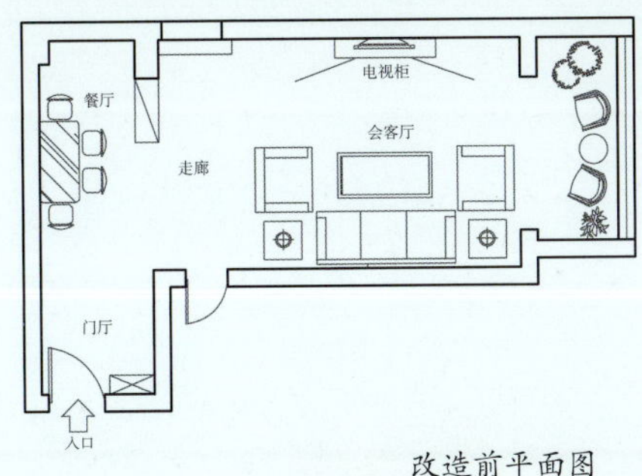

改造前平面图

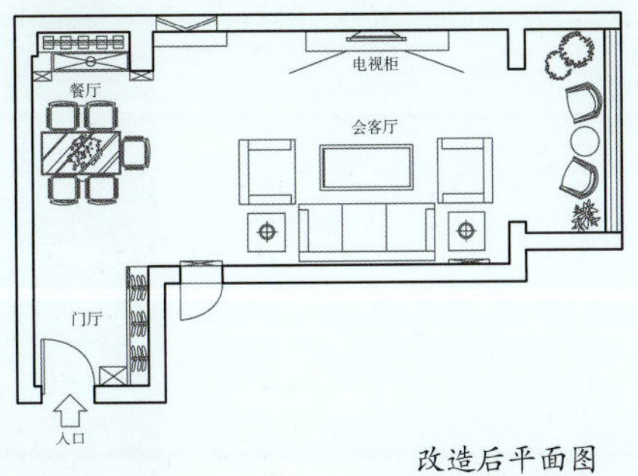

改造后平面图

魔法01 开放式餐厅

1

2 | 3

❶ 原暖气移位，外观处理成美式壁炉样式，解决暖气外露、居室文化问题。

❷ 暖气移开后有足够的位置作为开放式餐厅使用，从视觉上扩大了客厅的空间。

❸ 白色基调的美式壁炉设计，体现舒适、自由、放松的生活态度，在营造美好生活氛围的同时，也为主人提供了更多实用的储物空间。

改造前

原来的暖气占据了很大面积，压缩了餐厅空间，使人产生拥挤、局促的感觉，装修风格也比较陈旧。

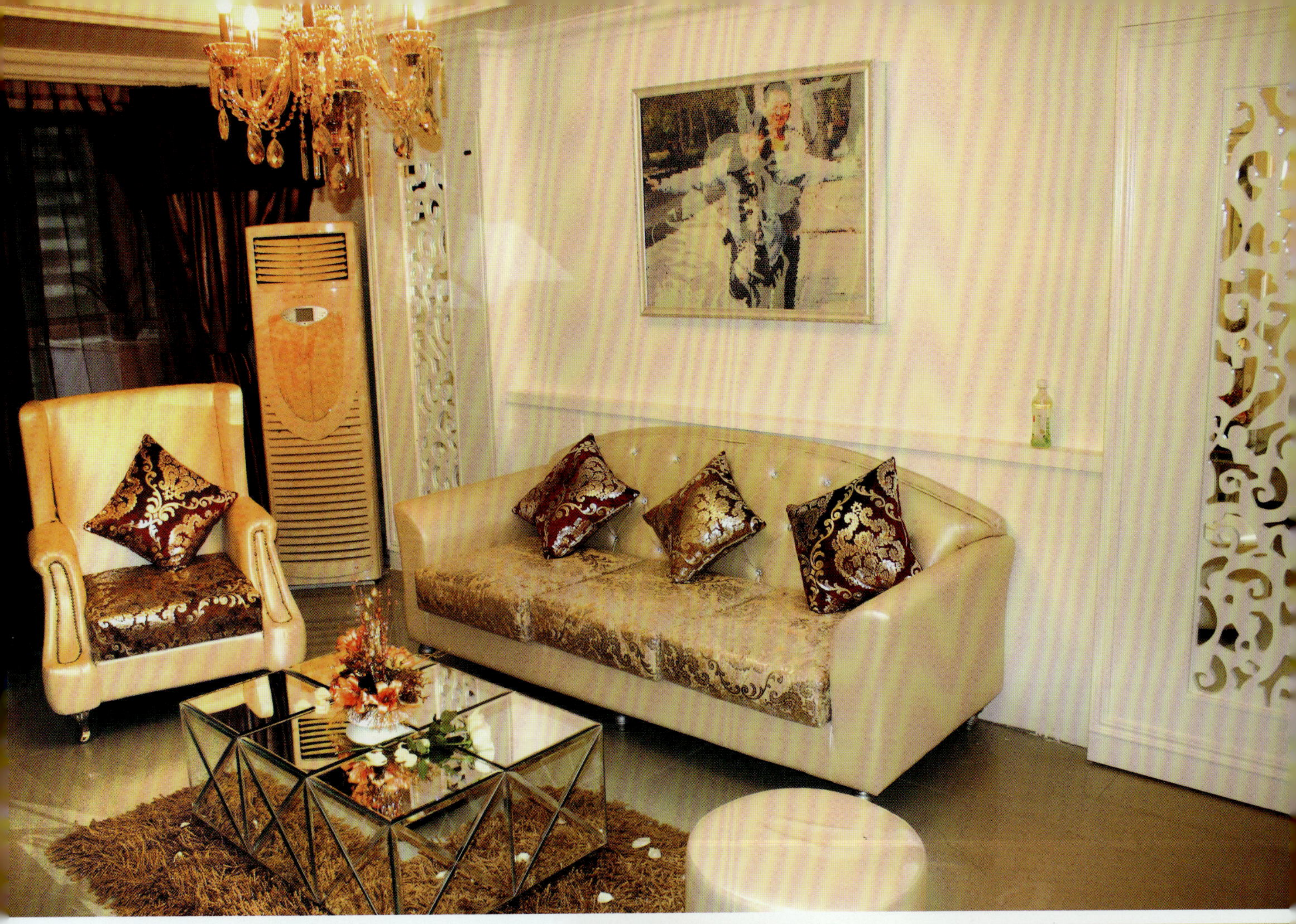

魔法02

沙发背景墙体现美式主题和个性印记

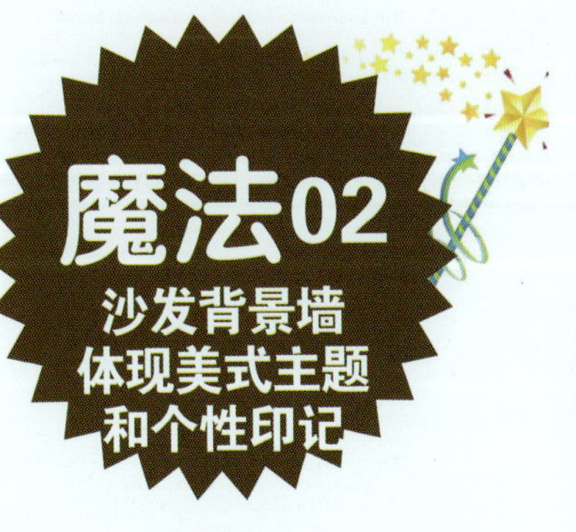

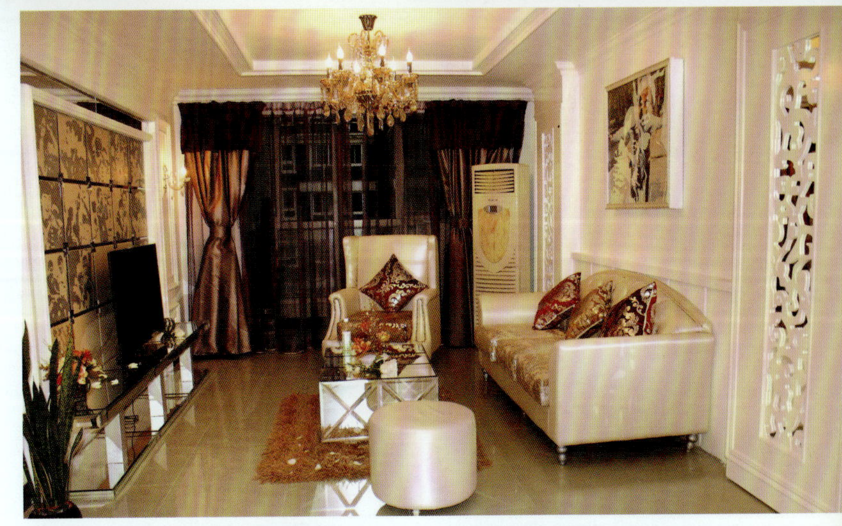

客厅的整体色调定为白色，装修体现美式主题，自然大方中透着精细，体现房主热情乐观的生活态度。

将门与暖气参照整体风格造型化处理，看起来非常美观完整，实际分别具有门和暖气罩的功能。

背景墙上的生活照，独具个性的冲印，容貌、表情、背景都是生活的印记，留下了夫妇二人的“足迹”。

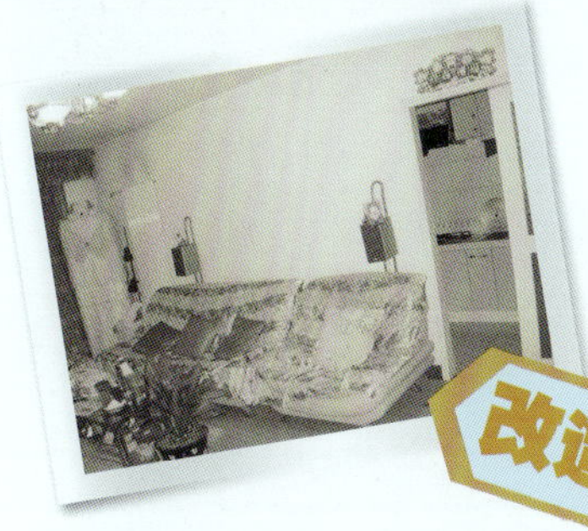

改造前

原来的客厅比较凌乱，整体装修与搭配缺少主题，厨房门位置不太好，破坏了客厅空间的整体性。

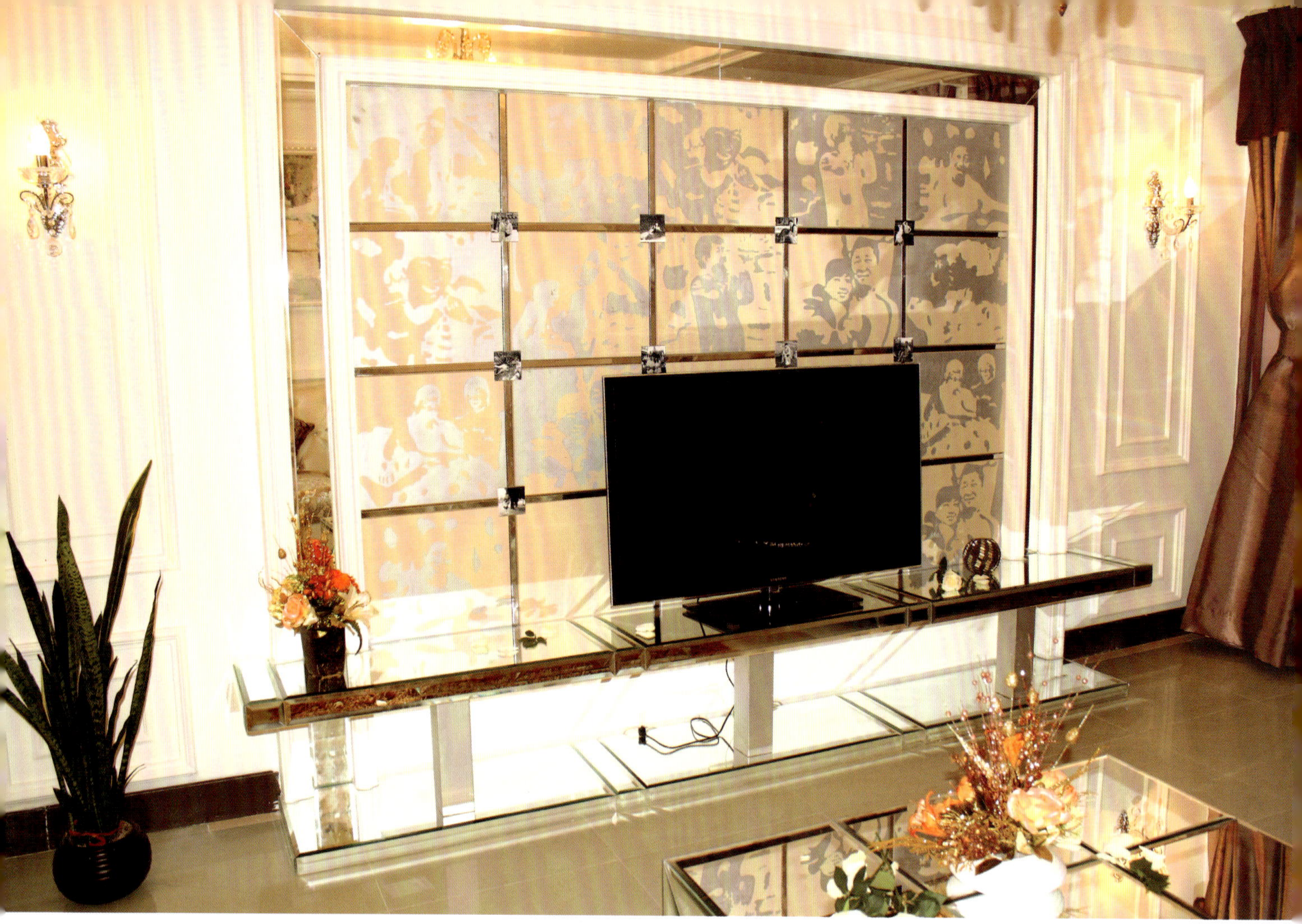

魔法03
电视背景墙体现“足迹”

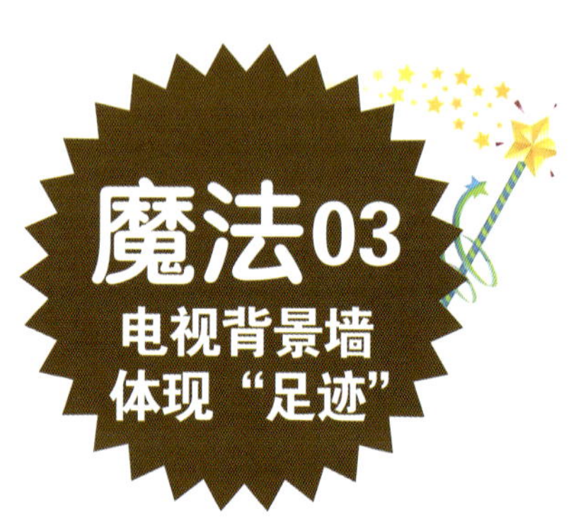

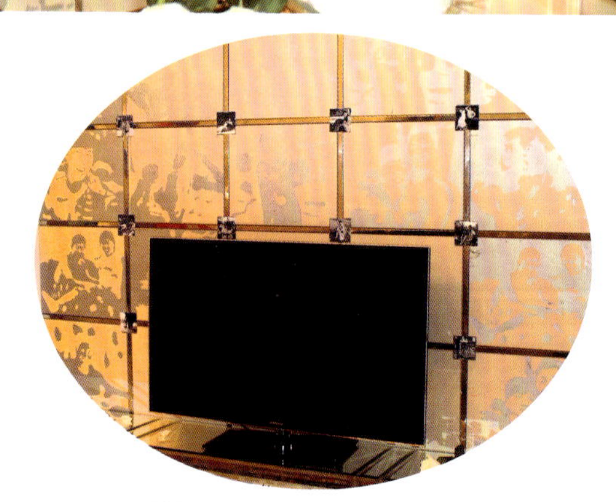

两夫妇从相识到相知，一同走入婚姻的殿堂，共同幸福快乐地生活着，一路走来满是欢乐的足迹，这其中有一个最具表现力的元素——照片。

将照片用手工雕刻的方式雕刻在造型墙的装饰砖上，这种做法类似于徽派建筑中三雕之一的“砖雕”。

“足迹”这个主题被贯穿于设计中，通过手工雕刻于瓷砖上的方式进行表现，立意新颖、主题鲜明，与整体风格协调，堪称画龙点睛之笔。

改造前

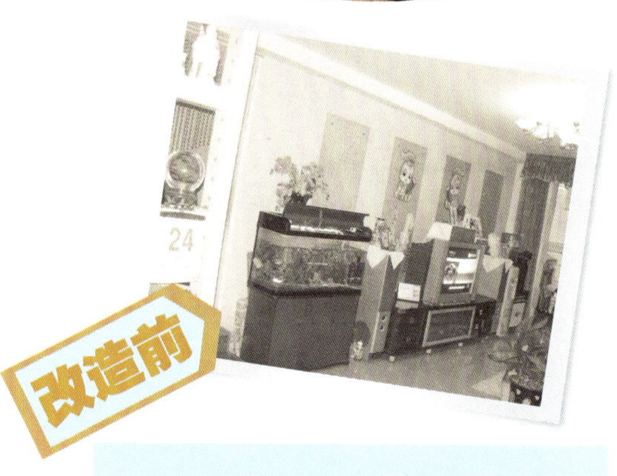

原来的电视背景区域比较杂乱拥挤，整体风格老式且无主题。

1 | 3 | 4
2

❶ 由于建筑朝向问题，除清晨外，室内阳光不够充足，所以将室内整体色调定位为白色。客厅沙发及靠垫所采用的面料也很具光感，可通过反射、折射光线提高室内亮度。

❷ 室内照明在光源上选择透明水晶材质灯具，光源更加透亮，提高空间整体的光感和明度，最大程度解决采光不足带来的室内较暗的缺陷。用餐区采用水晶吊灯与射灯搭配的方式，并通过银箔等轻微反射材质来折射光线，以少量重色烘托对比出白色的光亮，起到了不错的照明及烘托效果。

❸ 整个客厅及餐厅区域的照明效果很好，衬托出浓郁的美式风情主题。

❹ 晶莹剔透、造型精美的壁灯，在兼具照明功能的同时，其本身也成为很好的光源反射点，有利于提高居住空间的亮度。

原来的居室由于朝向等原因，整体采光不好，色调较暗。

成本开销

沙发背景：1650 元　**电视背景：1250 元**　**灯具：1350 元**　**其他：750 元**

沙发＋茶几：2800 元　**餐区改造：1800 元**　**门厅改造：400 元**

本案色调

主色调＋搭配色调 

美式自由主义风格

在北京这个国际化的大都市，精英云集，大家的眼界、文化取向、生活需求各有不同。人们的需求不仅仅停留在餐厅、卫生间、厨房、卧室、客厅等空间所提供的基础生活功能上，对空间的主体性需求也开始萌芽，并逐步向成熟化迈进。

美利坚民族是一个历史并不悠久的民族，经过短暂的时间，美国崛起为世界强国，工业、农业、文化、政治在世界上占有很重要的地位。这个民族向往自由生活，工作学习中严谨认真。在美国人的家中，你能感受到主人的生活方式，粗犷中透着精细，将外来文化与本土文化完美结合，打造舒适、自由、放松的居住环境。美式风格可以让家的内容更加丰富醇厚，让人回味无穷，而不仅仅是拘泥于它的形式。

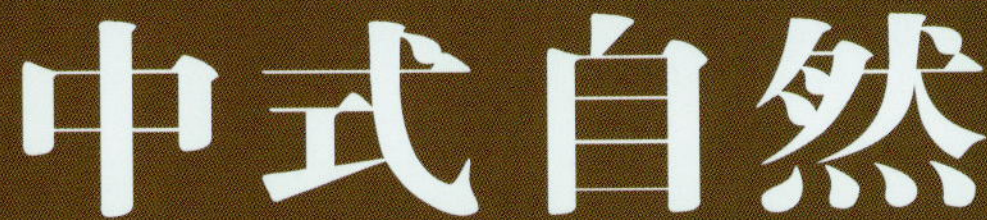

中式自然

混搭的中式自然风情家居

东方文化，不仅仅是形，更是色与神的传承。

人们喜欢在各种不同特质的空间中融入东方家居的形、色与神，因为这会为空间平添一份高雅，使空间更有魅力。

即便是在非东方风格的空间，也会因为东方元素的介入，而变得更加生动。

中式自然 混搭的中式自然风情家居

ZHONGSHI ZIRAN

改造前评述：

房子居住了若干年，原来的装修已显陈旧；三代同堂，空间储藏功能不足的问题凸显，孩子的玩具和书报杂志等无处收纳，家显得有些杂乱；原来的装修简单，没有特点，在细节处理上也不到位，比如没有做门套，墙角被孩子的各种玩具磕碰破损；家具的款式与功能都不能满足现在的需求，可改造利用的家具不多。

房主故事：

三代同堂的幸福一家。家中顶梁柱的小两口都是高学历，装修房屋也喜欢开动脑筋，自己动手，改造前餐桌旁的壁纸和涂料都是小两口自己亲手铺贴涂刷的。对房间的改造提出以下要求：

1. 要“稳当”，让三代人都喜欢。小朋友想要一个敞亮的空间，家里的老人喜欢稳重的颜色，色彩不能喧嚣。
2. 解决家具储藏功能不够的问题。
3. 希望家变得美观、舒适。墙面有破损、沙发不舒服等问题都能解决掉。
4. 要环保，改造施工不要用喷漆等不环保的工艺，原有的各房间门最好不更换。

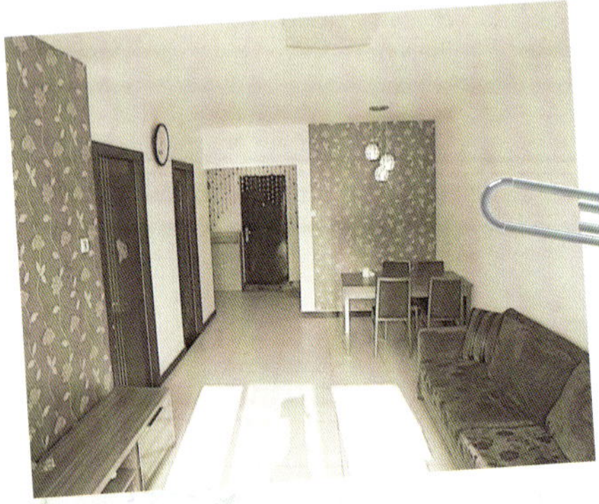

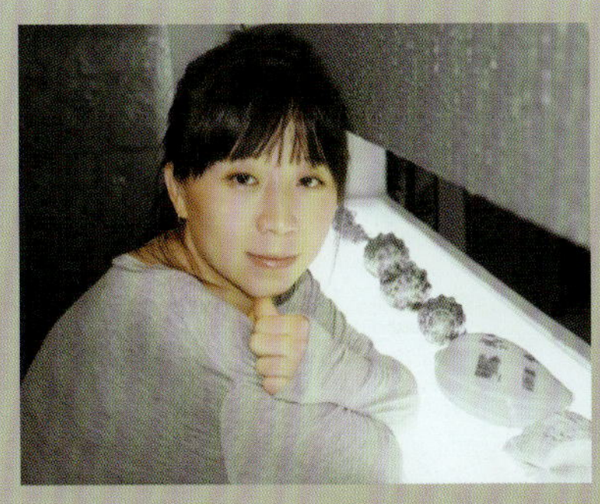

设计师：宋鑫磊
毕业院校：中央美术学院
从业时间：8年
设计理念：舒服、自然

本案从功能和风格上都进行了整体的改造。改造后，空间首先具有强大的储藏功能，新的沙发、茶几、电视柜区域、餐边柜、鞋柜、储物柜和展示柜等提供了超强收纳空间。其次，满足了三代人对家居的审美要求，稳重而舒服，原来四面白墙类似毛坯房状态的房间被装饰成一个中式自然、舒适安逸的空间。从手绘风格的餐边柜、鞋柜和异域风情的水晶灯，到中式背景墙自然飘落的花朵和树叶，以及窗帘与沙发的搭配，无论在色彩上还是造型图案上，处处体现着中式自然的味道。

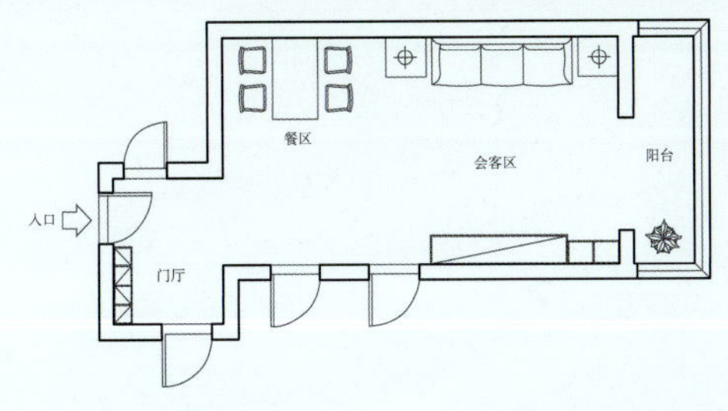

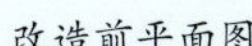
改造前平面图

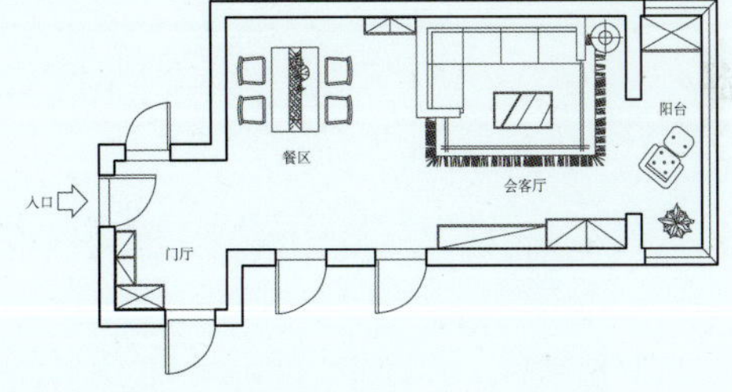

改造后平面图

魔法01 手绘沙发背景墙

沙发和餐厅背景区域增加了手绘背景墙，用艺术漆涂绘的盛开的花朵和飘扬的树叶，似从客厅窗外吹入，自然而富有生气。手绘图案占据整面墙壁，客厅与餐厅形成一个整体，散乱的感觉消失了。花朵与树叶的疏密变化，使整个空间有主有次。

沙发的颜色，靠垫和茶几桌布的图案花色与背景墙上中式自然的花卉形状、色彩相互映衬，协调统一。

改造前

改造前沙发背景是一面白墙，餐区与客厅空间没有分隔，空间效果平淡且有些散乱。

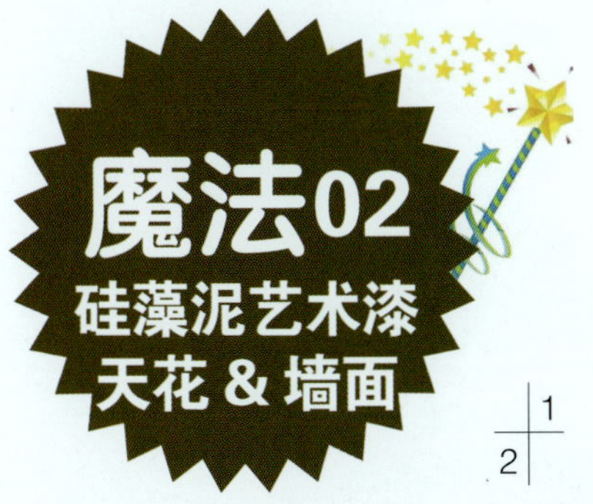

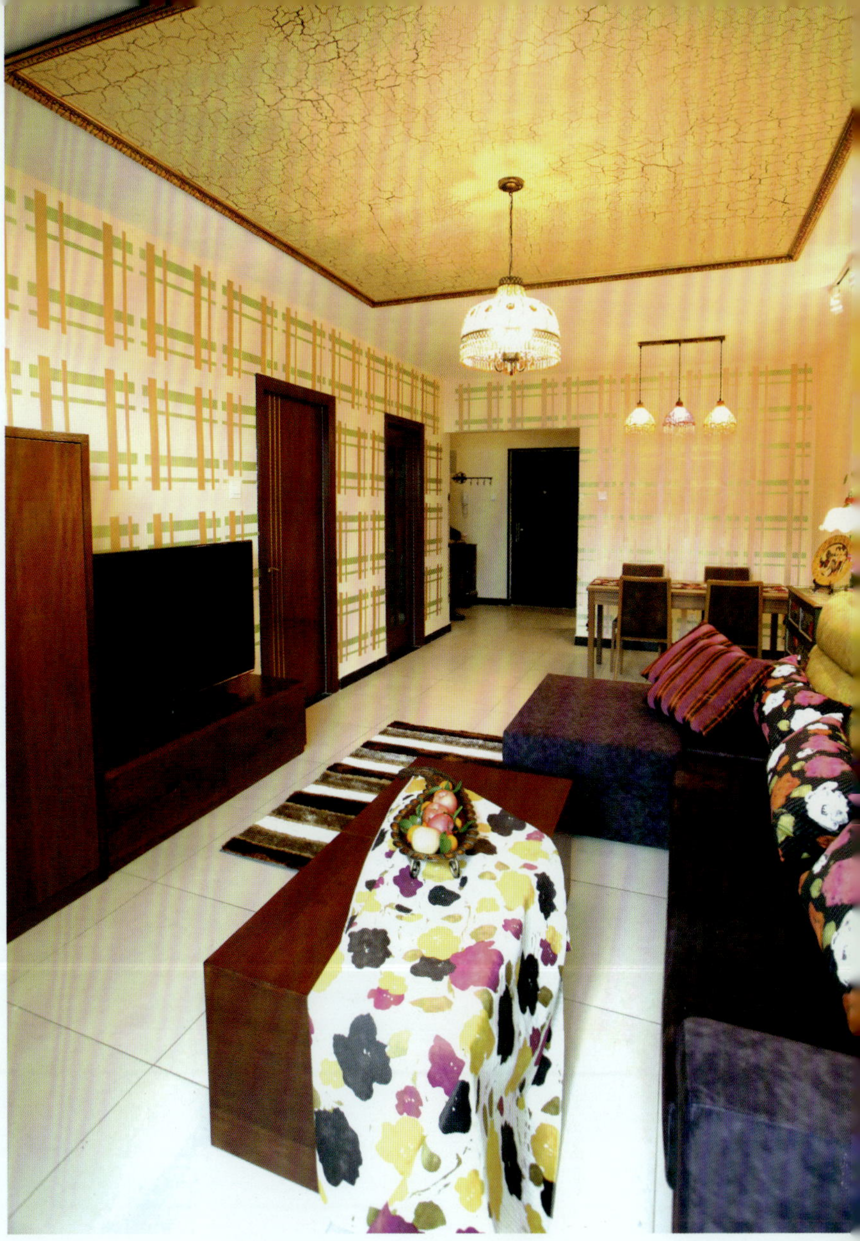

魔法02 硅藻泥艺术漆 天花 & 墙面

1
2

❶ 运用最新的硅藻泥艺术涂料，利用特殊工艺，将客厅区域的顶面天花制作成裂纹漆的效果，其周围一圈加画框收边。有艺术效果的天花既起到很好的装饰顶面的作用，又不降低顶面高度，并且它还能让人感受到清晰的客厅区域，也起到划分空间的作用。

其他三面墙同样也是运用硅藻泥艺术漆和简单工艺，做成了格子形状的整体墙面，其颜色与手绘沙发背景墙上的花卉相映衬，其图案则与沙发背景墙构成对比的协调美。

格子形状的整体墙面与手绘沙发背景墙形成对比，突出了餐厅区域，改变了原来餐厅与客厅混沌一体的状况，同时仍保持整个房间的通透感。

❷ 餐桌上方用暖色调的、有点异域风情的水晶灯更换了原来过于现代的不锈钢吊灯，与中式自然的韵味很搭调。

改造前

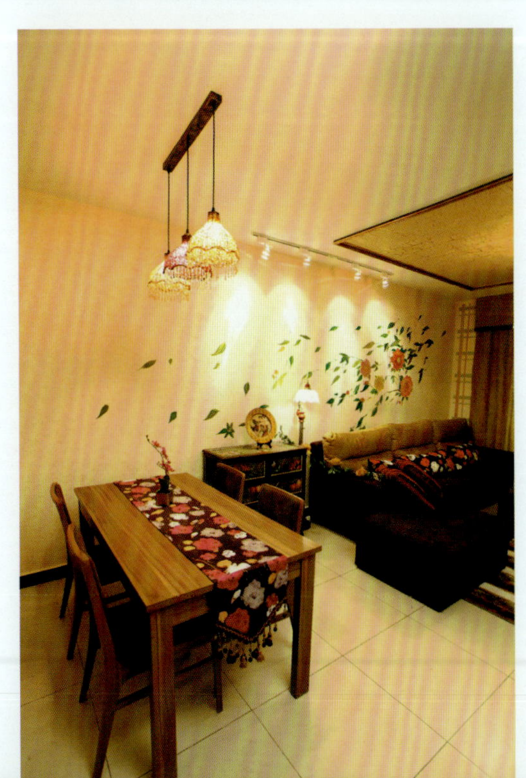

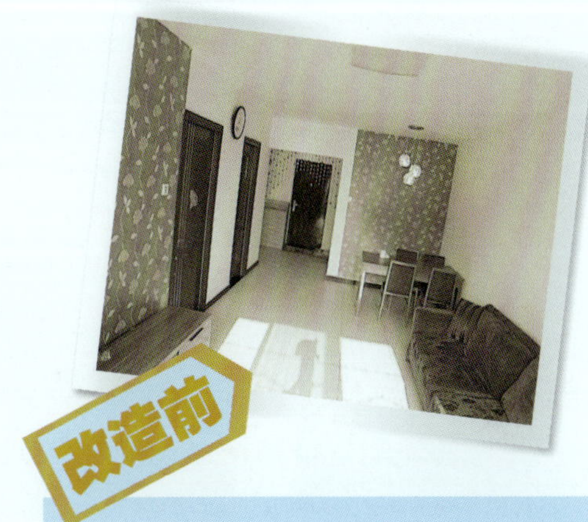

改造前餐厅墙面与电视背景墙虽然贴有壁纸，但并没有起到装饰和划分空间的效果，反而显得空间零散。

魔法03 增加储藏空间

原来敞开的电视柜，改成封闭的储藏空间，空间的整体性加强。在电视左侧增添一个高柜储藏小孩的物品。

原来普通的三人位沙发换成转角式沙发，沙发下部是箱体结构，可以打开用来储藏物品。沙发区域增加了茶几，茶几内部是强大的储藏空间。

餐桌与沙发之间增添了一个彩绘餐边柜和复古落地灯，并搭配兰花、中式装饰盘，映衬飘逸的落叶背景墙，中式味道自然流露。

改造前

改造前电视柜缺乏整体感。

魔法04 复古风打造

在门厅位置，用手绘花卉图案鞋柜替换原来凌乱的鞋柜，鞋柜上方安置两个铁艺挂衣钩。靠门一侧放置一个实木的储物展示柜，柜顶摆上房主养的绿色植物，绿叶红花相映衬，同样追求复古风，颇有春天的感觉。

改造前餐区缺乏收纳物品的家具，玄关鞋柜的储藏功能有限，不能满足生活需求。

成本开销

沙发：2000 元　窗帘：800 元　电视柜：1500 元　茶几：700 元　鞋柜：630 元
酒柜：650 元　挂衣钩：50 元　储藏柜：600 元　穿衣镜：200 元　灯合计：700 元
装饰品：500 元　地毯：270 元　顶部造型线：200 元　落地灯：500 元　艺术漆：700 元

本案色调

主色调＋搭配色调 

营造中式自然混搭风家居的技巧

1. 营造中式自然混搭风，需要必要的装饰图案，可以搭配花卉图案的软装布艺，摆放中式元素的摆件。

2. 中式风格里营造复古奢华感觉的空间，需要有红色、金色、黑色的搭配，加上实木质感的装饰，这样的对比，富贵感和高雅的味道就出来了。

3. 手绘质感的背景墙搭配银箔质感的低层处理，作为沙发的背景非常提气，茶几上摆放木质象棋以及同背景墙如出一辙的荷花，使空间变得生动自然。

4. 如同盘子造型，又与莲叶神似的木质装饰背景墙作为餐厅背景，和咖啡色的布面椅子搭配起来再合适不过了，桌面上搭配白色的兰花，主人在吃饭的时候都可以嗅到植物的芬芳。

5. 复古的台灯和柜子，背景衬以银箔的墙面，搭配中国红的沙发，既富贵又有内涵和神韵。

古典风情的甜蜜家居

家对于我们来说都是一样的，它是婴儿时期父母哺育我们的地方，是幼儿时期充满童话的游乐场，是青年时期安静学习的大教室，也是我们成年后独处异乡的深深眷恋，所以对于家居的诠释是每个人精神的追求，力求在这个家居空间中打造或宁静或浓烈的独特家居之美！

唯美西厢 古典风情的甜蜜家居

WEIMEI XIXIANG

改造前评述：

改造前空间相对比较松散，整体没有统一的风格，进门给人的直观感觉就是干干净净、平平淡淡，没有一个亮点，且女主人非常不喜欢原有的门和沙发的颜色，想要看到惊喜的空间。

房主故事：

房主是一对年轻的小夫妻，年龄二十七八岁，这是他们准备结婚的新房，两个人都比较年轻，但是他们又比较传统，虽然两个人相识偶然，一见钟情，但是一定要相守一生。

房主对于改造的要求：既有传统中式风格，又要打破传统，在材料和造型上体现一种时尚。

设计师：刘瑛
毕业院校：河北师范大学
从业时间：9年
设计理念：设计源于生活，生活因设计的天马行空而绚烂多彩

因为这个房子是震后建造的，相对来说比较牢固，又加上楼层在一层，所以在原始结构上没有做太大的变动，而是在布局上下了一番功夫。首先用高地台代替了原有的床的位置，因为地台首先是功能性的划分，把客厅和卧室区分开来，可作为朋友休闲小聚的场所；也满足了女主人要求储物的功能，阳台利用率也可以高一点，本身中式元素铜制角花是必不可少的装饰，因为考虑到年轻人居住，所以只在柜门把手上画龙点睛，让整体风格不显得太老气。

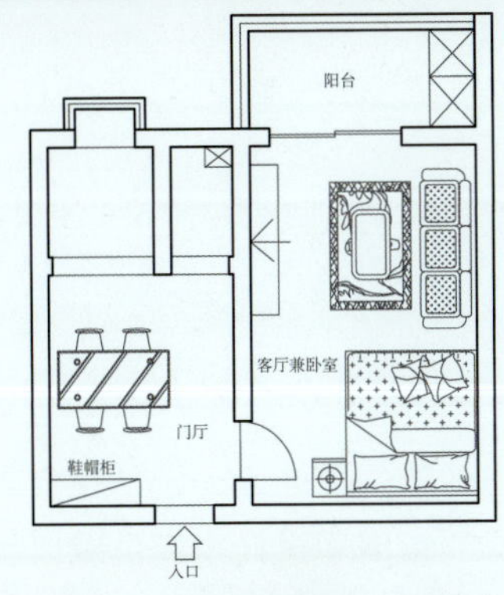

改造前平面图

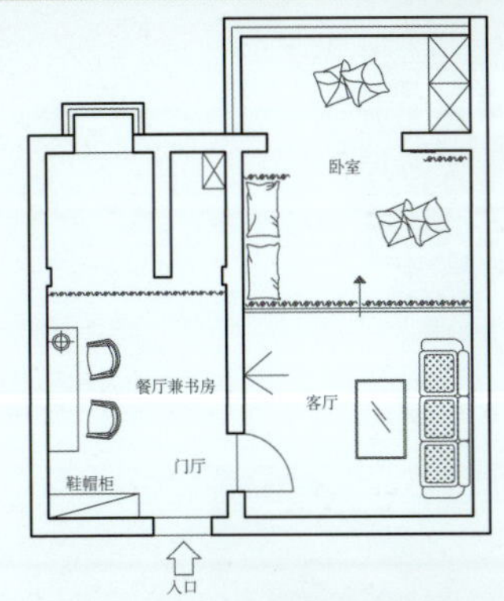

改造后平面图

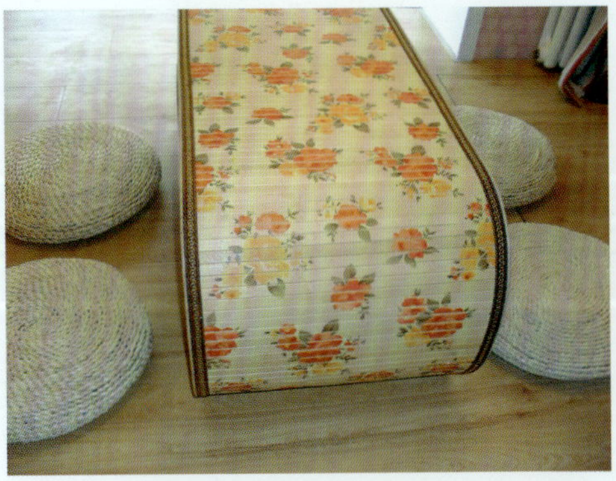

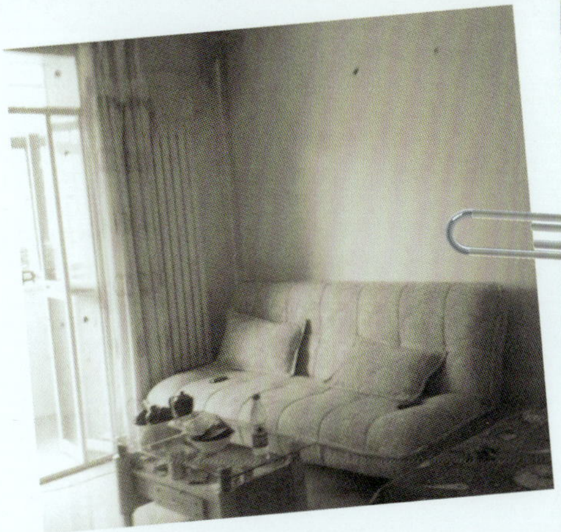

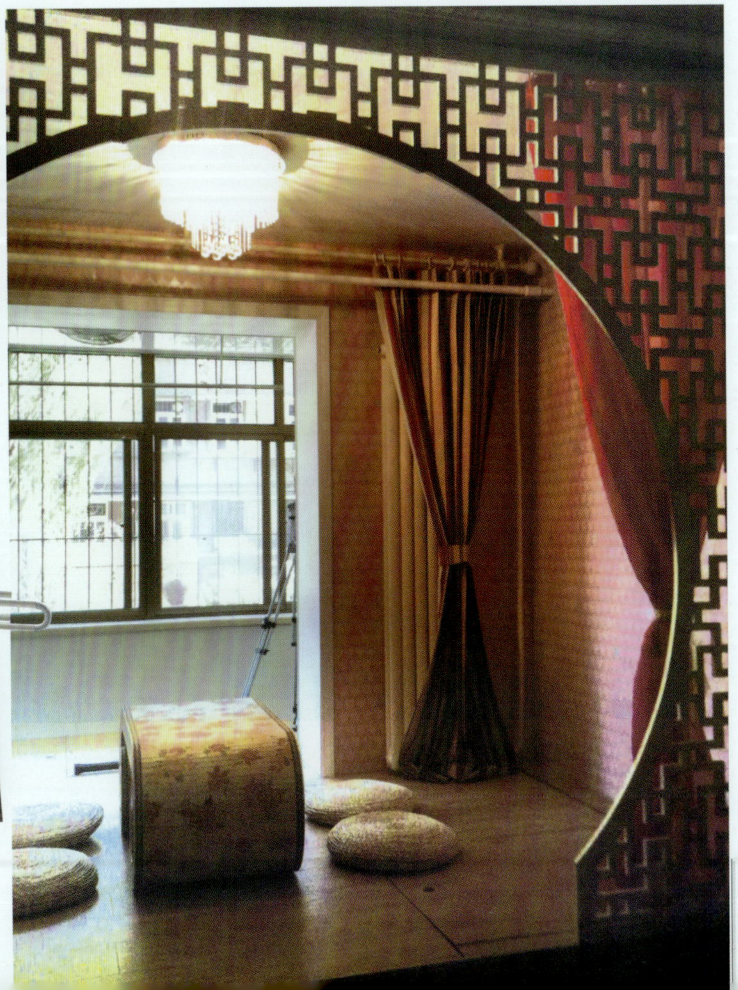

魔法01 门厅功能大变身

改造后的门厅让人一进门就会眼前一亮，营造出了完全不一样的氛围。进门小厅位置以主人喜欢的暖色粉刷墙面，墙上的艺术挂画营造家的轻松氛围。

红色樘板可以作为餐桌也可以作为电脑桌，配上高高的吧凳，扩展了原先门厅的功能，成为一处用餐休闲的好地方，还可兼具书房的功能。

改造前的门厅功能简单，装修比较陈旧。

魔法02 客厅与卧室的完美区分

1|2
3

❶ 极具中式特色的月亮门和纱幔将客厅与卧室的功能清楚地区分开，通过这种新的分隔方式，单元式住宅就展现出中式家居的层次之美。

❷ 沙发背景为现代元素和中式元素结合起来的镜面造型，体现了平面构成中的“特异”，即是在一种较为有规律的形态中进行小部分的变异，突破了原先规范单调的构成形式。

沙发背景两侧是具有中式纹理图案的回文线，慢慢延伸到顶部空间，这样使客厅的空间得以拉伸，小空间也有宽敞的感觉。

❸ 电视背景的红漆木质装饰是传统中式和时尚现代的完美结合。

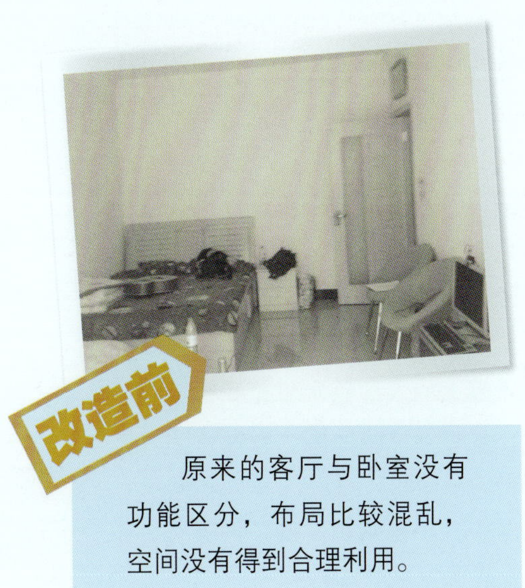

改造前

原来的客厅与卧室没有功能区分，布局比较混乱，空间没有得到合理利用。

魔法03
细节处凸显
唯美中式风

1
2|3|4

❶ 月亮门装饰隔断、中国风的沙发套和竹编小茶几，细节处体现着传统的中式风情。

❷ 沙发背景墙上的镜面造型将现代元素和中式元素完美结合，两侧具有中式纹理图案的回文线延伸至顶部空间，使小空间也显出宽敞的感觉。

❸ 电视背景墙上的大红色木雕花板极富中国韵味，是画龙点睛之笔，将整体中式风格烘托到了极致。

❹ 卧室里的中式小茶几和坐垫，为房主打造出一处静谧惬意的休憩场所。

原先的卧室处为简易小客厅，卧室的功能区划不明确，整体规划欠妥。

魔法04 中式小物件

1 | 2
3

❶ 具有浓郁中式风情的小茶几，造型简朴优美，格调高雅，表达了清雅含蓄、端庄丰华的东方式精神境界。

❷ 传统花朵图案装饰的茶几，用于客厅，体积不大，符合小户型的要求，同时还兼具储物功能，其装饰细节上崇尚自然情趣，富于变化，充分体现出中国传统美学精神。各类软装材料，其图案和色调无不蕴含着浓浓的中式风情，与“唯美西厢”的主题相呼应。

❸ 独具中国特色的小配件，无论材质还是造型都是中式风的代表之作。

成本开销

沙发：2000 元　窗帘：800 元　电视柜：1500 元　茶几：700 元　鞋柜：630 元
酒柜：650 元　挂衣钩：50 元　储藏柜：600 元　穿衣镜：200 元　灯合计：700 元
装饰品：500 元　地毯：270 元　顶部造型线：200 元　落地灯：500 元　艺术漆：700 元

本案色调

主色调 + 搭配色调   +  

新中式风格家具

在大家的印象中，中式风格应该是古旧而繁琐的，但是中国风并非完全意义上的复古明清，而是通过中式风格的特征，表达对清雅含蓄、端庄丰华的东方式精神境界的追求。

中国风的构成主要体现在传统家具、装饰品及以黑红为主的装饰色彩上。室内多采用对称式的布局方式，格调高雅，造型简朴优美，色彩浓重而成熟。

中国传统室内陈设包括字画、盆景、瓷器、古玩、博古架等，追求一种修身养性的生活境界。中国传统室内装饰艺术的特点是总体布局对称均衡、端正稳健，而在装饰细节上崇尚自然情趣，花鸟鱼虫等精雕细琢、富于变化，充分体现出中国传统美学精神。

中式风格适合人群：性格沉稳、喜欢中国传统文化的人。

如果做中式风格婚房，那么中式的演绎则要发挥各种建材的适当性，如玻璃、金属等现代建材，表现新中式风格。

海洋般的神秘

经典蓝白搭配

结合柔和的灯光、遮挡设计手法、软包的运用

营造海洋般的神秘、海洋般的舒心

一见倾心 海洋般的神秘

YIJIAN QINGXIN

改造前评述：

房间评价 改造前

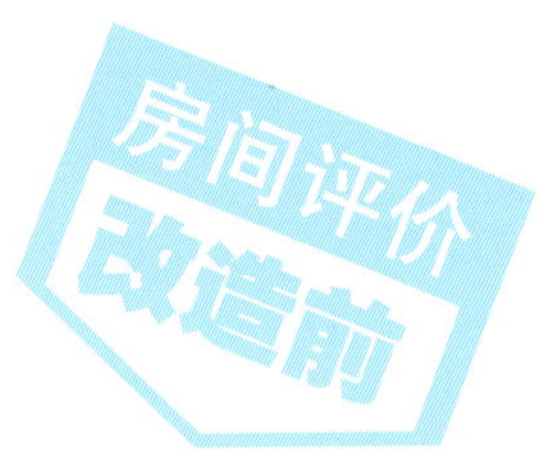

房屋为复式结构，原有装修平淡无生气，功能区分不明显，对于居住的一家三代五口人来说，无法满足其各自的需求，希望改造后大为改善。

房主故事：

房主夫妻两人是在一次交友活动中一见钟情的，所以，此次设计的主题定为“一见倾心”。他们的结婚典礼是在海底以潜水的方式进行的，是很追求个性的，所以整体空间采用蓝色，意在当他们看到装修后的房子时，也像他们看到彼此一样——深深地爱上这个家，给他们“一见倾心”的生活。

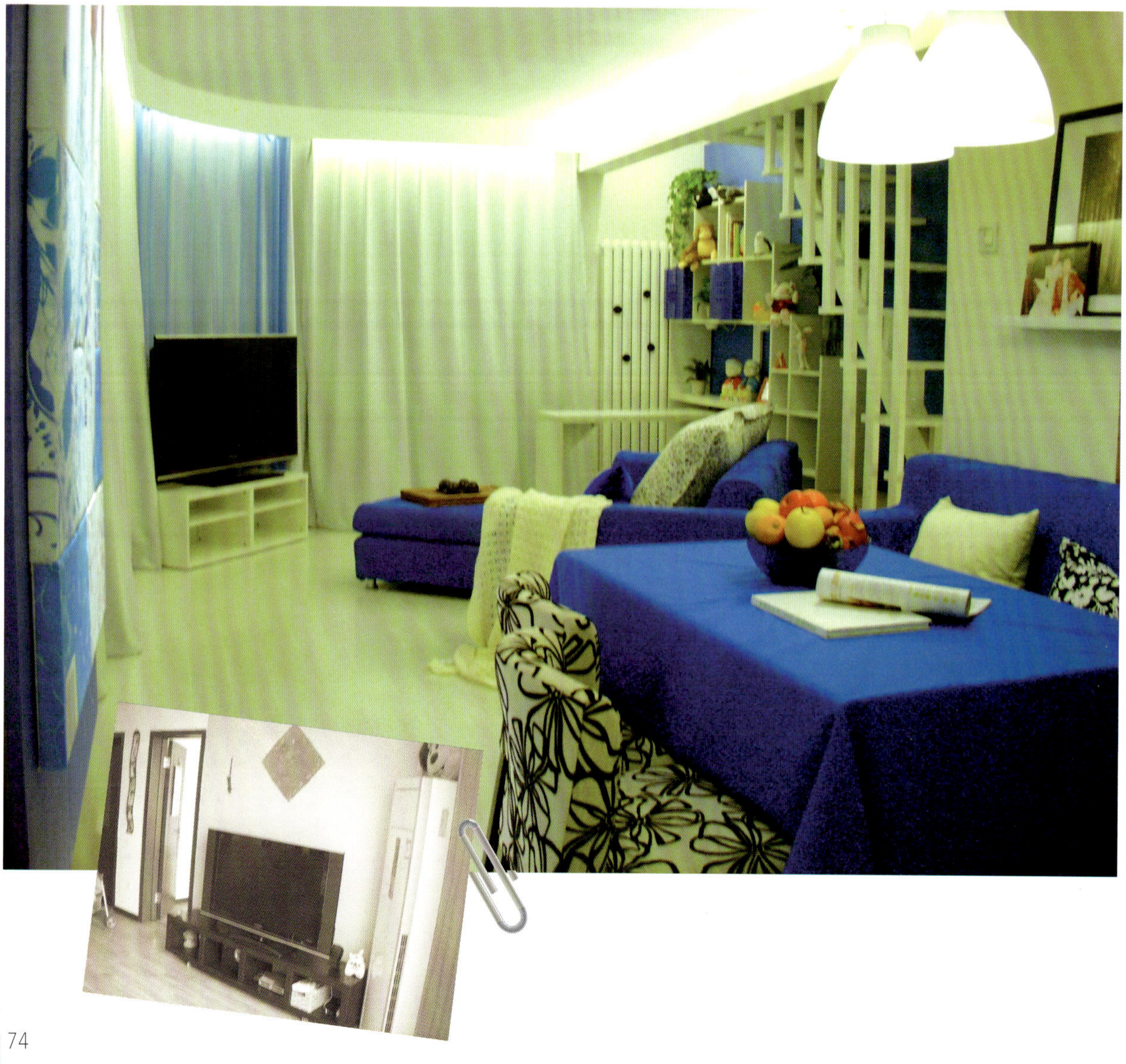

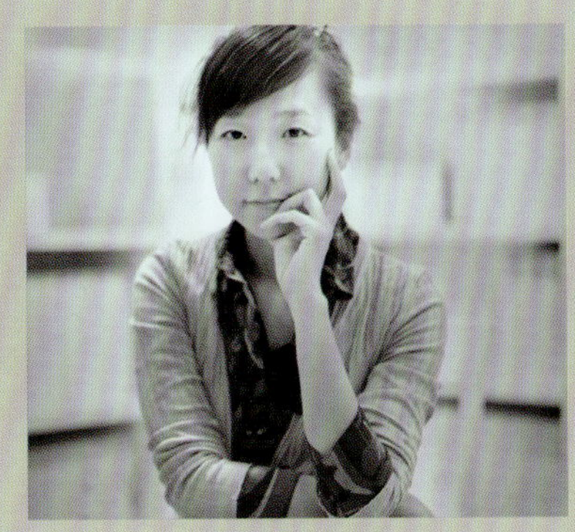

设计师：马 欢

毕业院校：燕山大学

从业时间：8年

设计理念：生活融入设计，美观的同时更要注重功能实用性

房间评价 改造后

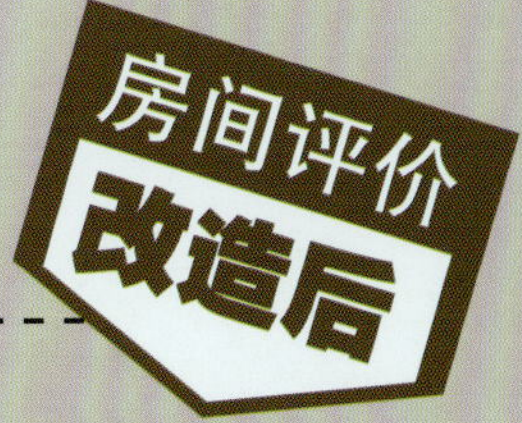

改造后功能更加多样化，空间层次更加丰富，可以满足5口人各自的需求，视觉效果上色彩的统一达到打动人心的目的，而各个需要表现的地方都含有内容，让细节更富有情趣。

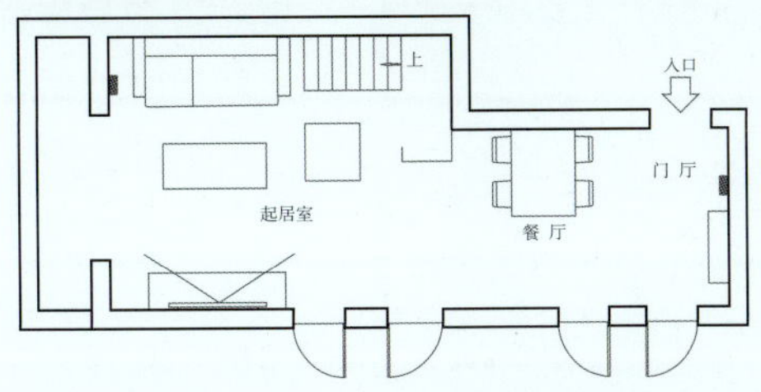

改造前平面图

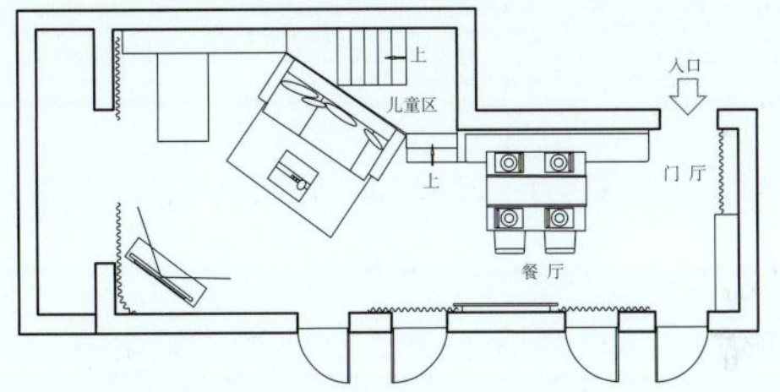

改造后平面图

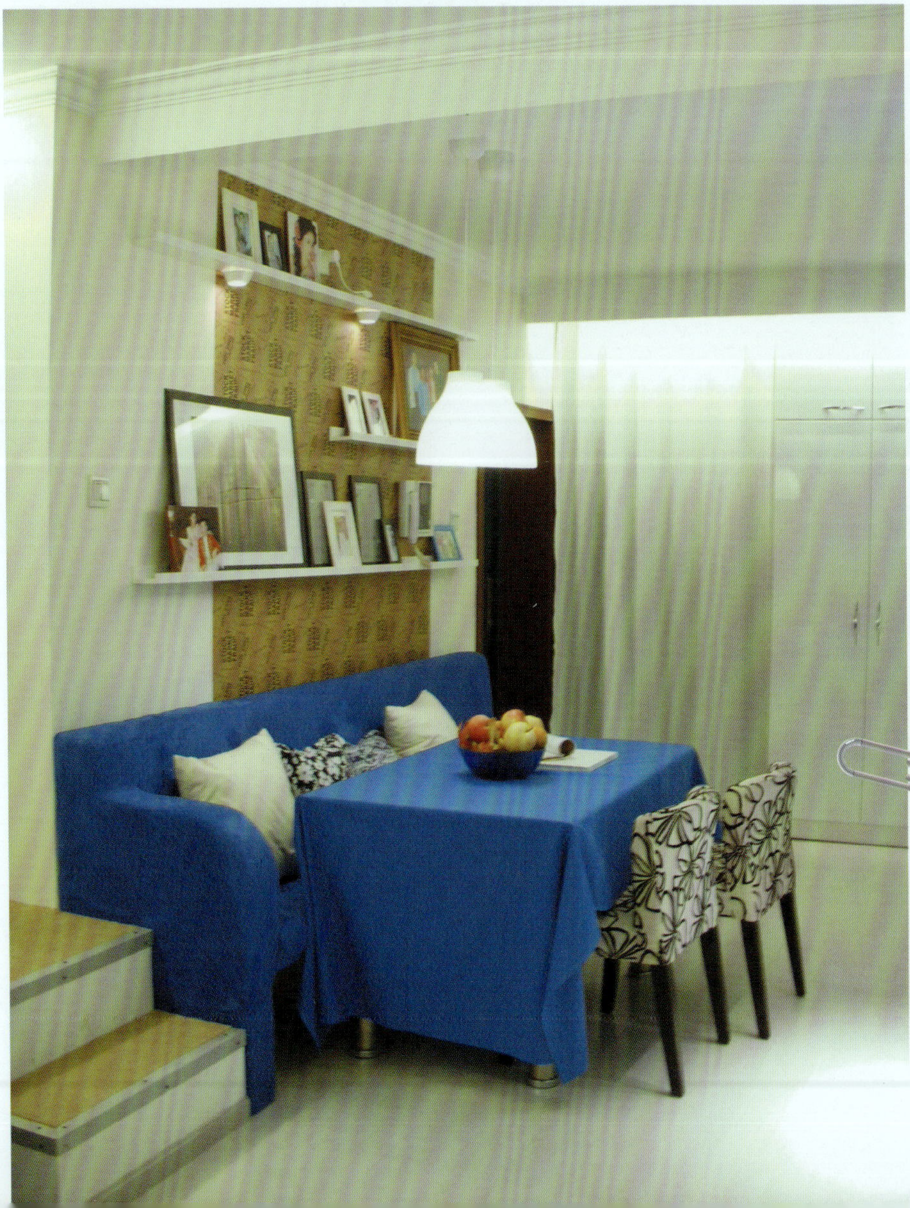

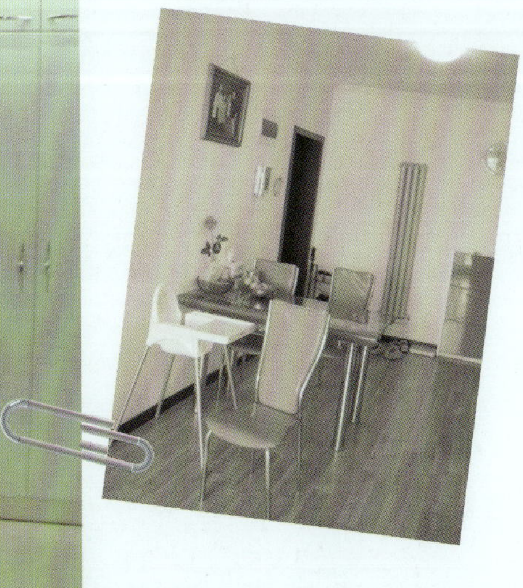

改造后，鞋柜处用布帘将其遮挡，并且在内部增加挂放区，可以放衣物、雨伞、购物包袋、领带等零碎物品，还利用暖气做留言板，而不会影响美观。

将右侧柜子变成通顶的大柜子，原来只有鞋柜，并且偏小，不能满足5口人的需求，改造后美观又增加了储物空间。

原来玄关处老人换鞋要用到餐区的餐椅，来回移动不方便，也不够稳固，改造后将餐区卡座延长至玄关，柔软舒适又稳固。

魔法01 隐形鞋柜

改造前

原进门处鞋柜不能满足一家五口人的需求，鞋子凌乱摆放并且没有放其他物品的地方，如衣服、雨伞、车钥匙、背包等。

魔法02 卡座 + 玄关椅 重造餐区

改造后的过道更宽敞，方便行走，墙面做成卡座，可供更多人使用，两边也可以坐人，不用移动餐桌。延长部分做玄关椅，增强玄关功能，方便老人使用。

原餐区一面靠墙的摆放方式占用空间较大，不利于走道的通过，并且若 7 人就餐时需将餐桌移动，不方便。改造后，卡座可以多人使用，两边方便加椅不用移动餐桌，走道空间更流畅，平时也不用摆放 4 把餐椅，显得凌乱。

增加了餐厅背景墙，靠卡座一边以家庭照片为主，用隔板方便随时更换，还可用大的相框挡住电闸盒；另一侧的背景墙强调个性化设计，画面统一在蓝色基调中，突出家庭主题，并且是定制的背景，独一无二。

原餐桌摆放影响行走路线，如果多人就餐需要移动餐桌，非常不方便。

魔法03 重塑多功能楼梯区

垫起的地台使空间增加了层次感，铺了地毯，形成柔软的围合区域，用做儿童活动区。并且配合纵向线条增加稳固性，方便老人。楼梯下仍可以储物，放儿童玩具等。

改造前

原来的楼梯平淡无生气，且不稳固。靠北面空间基本用作过道，浪费了空间。

魔法04 多功能客厅让大家在一起

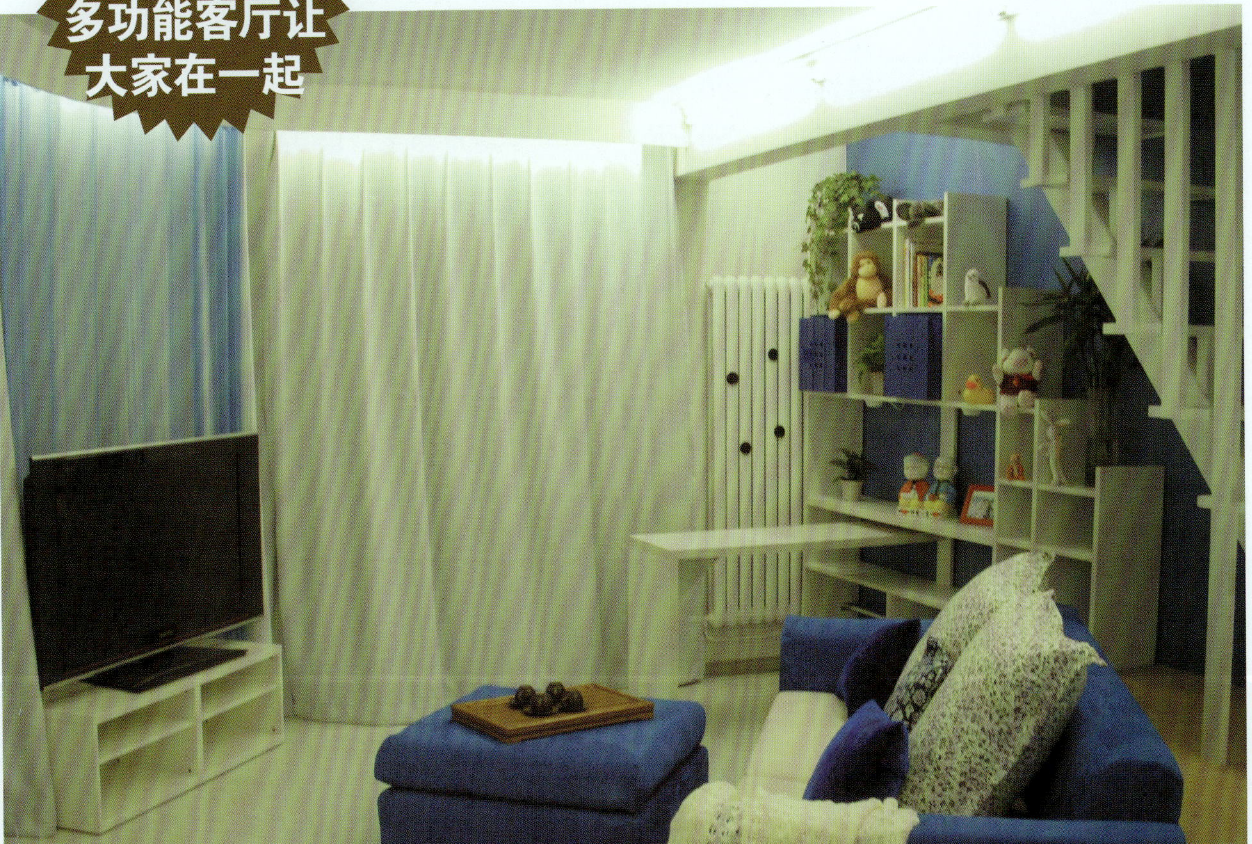

1
2

❶ 电视柜和沙发 45° 的摆放方式使空间灵动，有利于与其他空间的互动，如与阅读区交流时不会感到角度上的障碍。

❷ 在客厅中开辟阅读区。改造前书房在楼上，男主人出差时间多，在家时间短，在楼上书房上网时，楼下的空间显得空洞，但楼下又没有可呆的地方。改造后，将书房搬到楼下，全家人可以在同一个大空间中活动，并且，书桌与书柜是用滑道连接的，不用时放在边上，用的时候放在中间，两边都可以坐人，利用率很高。

改造前

原起居室占用空间大，可利用空间小，家具摆放比较呆板，缺少活力。原阅读区是沙发摆放区。

成本开销

壁纸：1300 元　**楼梯改造：900 元**　**卡座、餐桌椅：1100 元**

电视柜：350 元　**装饰画：600 元**　**地板：2000 元**

书桌架：1600 元　**大衣柜：1500 元**　**窗帘布艺：650 元**

本案色调

主色调 + 搭配色调 

房屋二次改造知识

1. 改造时应注意合理规划功能使用区，如书架与书桌的距离要近，如果可能书架最好放置在右手处，方便拿取书籍物品等，或符合自身习惯的位置。

2. 想有统一的风格首先要将色调统一，空间里缺少了主色调就相当于缺少了性格，所以可以大胆尝试饱和度比较高的颜色作为空间的主色调，并找出与主色调匹配的颜色作为过渡，将整个空间调节和谐，达到舒适的目的。

黑白圆“屋”曲

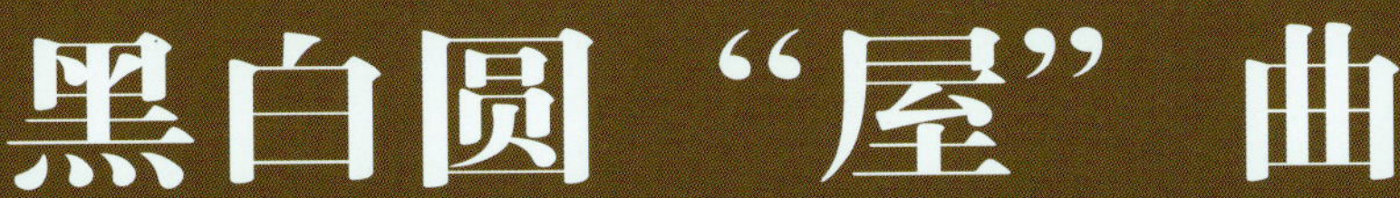

奏响家的温馨

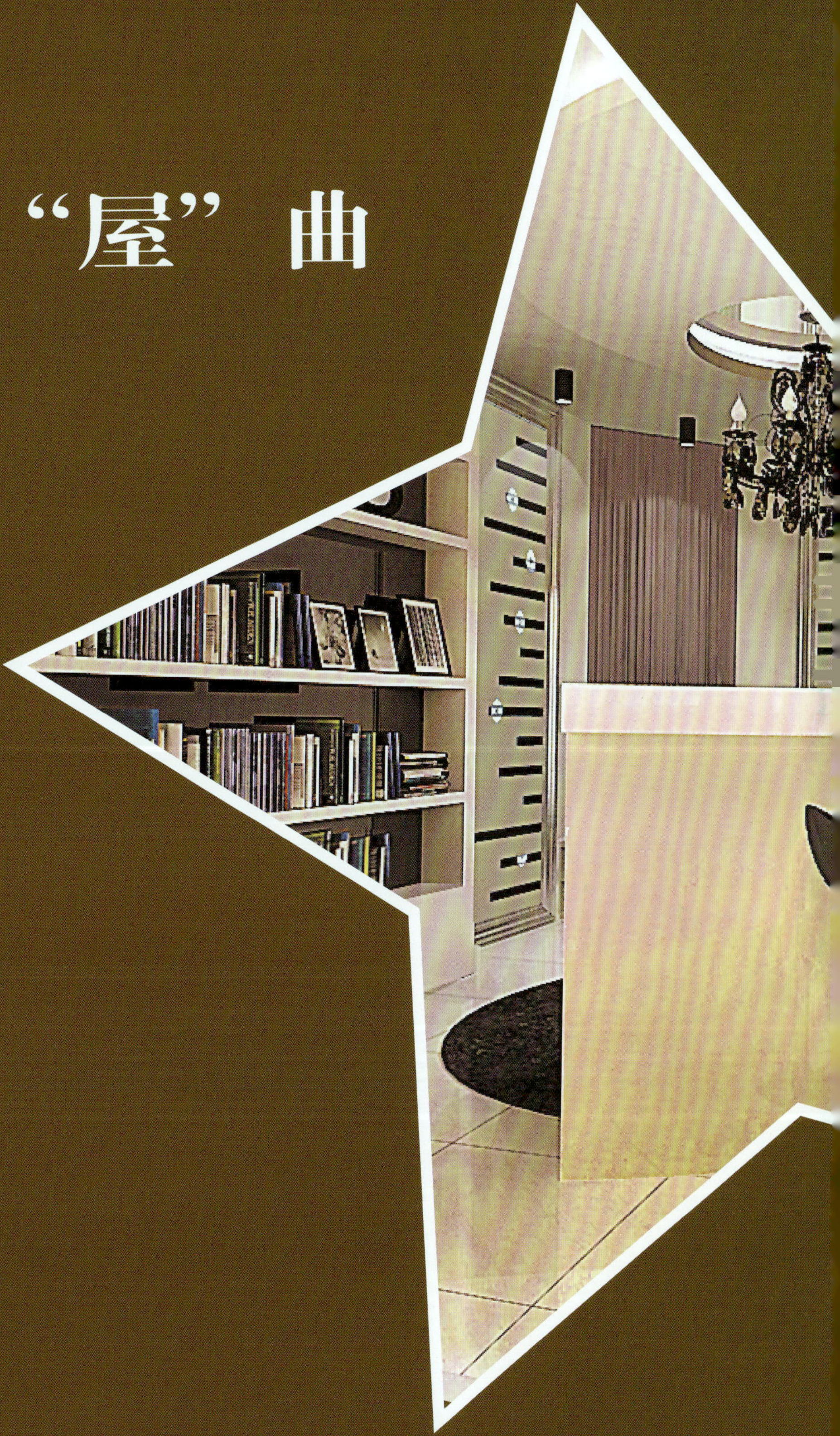

黑与白谱写

永恒的经典

爱的旋律

萦绕在黑白琴键

尽显家的温馨精致

黑白圆“屋”曲 奏响家的温馨

HEIBAI YUANWUQU

改造前评述：

改造前房屋结构规整，居室色彩单一，墙面几乎没有装饰，显得单调。希望打造一个有个性的空间。

房主故事：

房主夫妻二人年轻时尚，都喜欢欧美流行音乐，所以设计风格定位为现代与古典的混合，用黑白两色营造低调奢华的家居氛围。

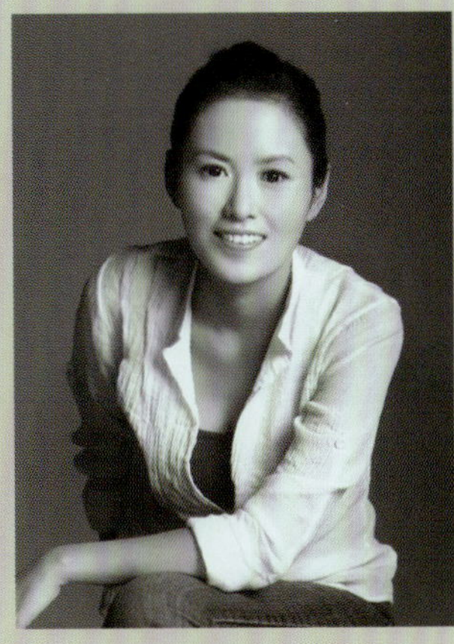

设计师：麻 洁

毕业院校：河南大学艺术学院

从业时间：10年

设计理念：功能及空间呈现完美结合，简洁但不简单，时尚但不盲从，细致但不琐碎，多彩但不凌乱。用心营造一个纯美温馨，没有雕琢粉饰，纯净、淡定而富有思维睿智的家……

房间评价 改造后

整套设计打破常规布局，以沙发为中心成放射状展开，多处使用圆形造型，与主题紧密呼应，为房间量身定做的家具得以全方位利用。色调上采用黑白色系，营造低调奢华。玻璃、水晶、烛台、绒毯，都在演绎一种不事张扬的奢华家居气质。

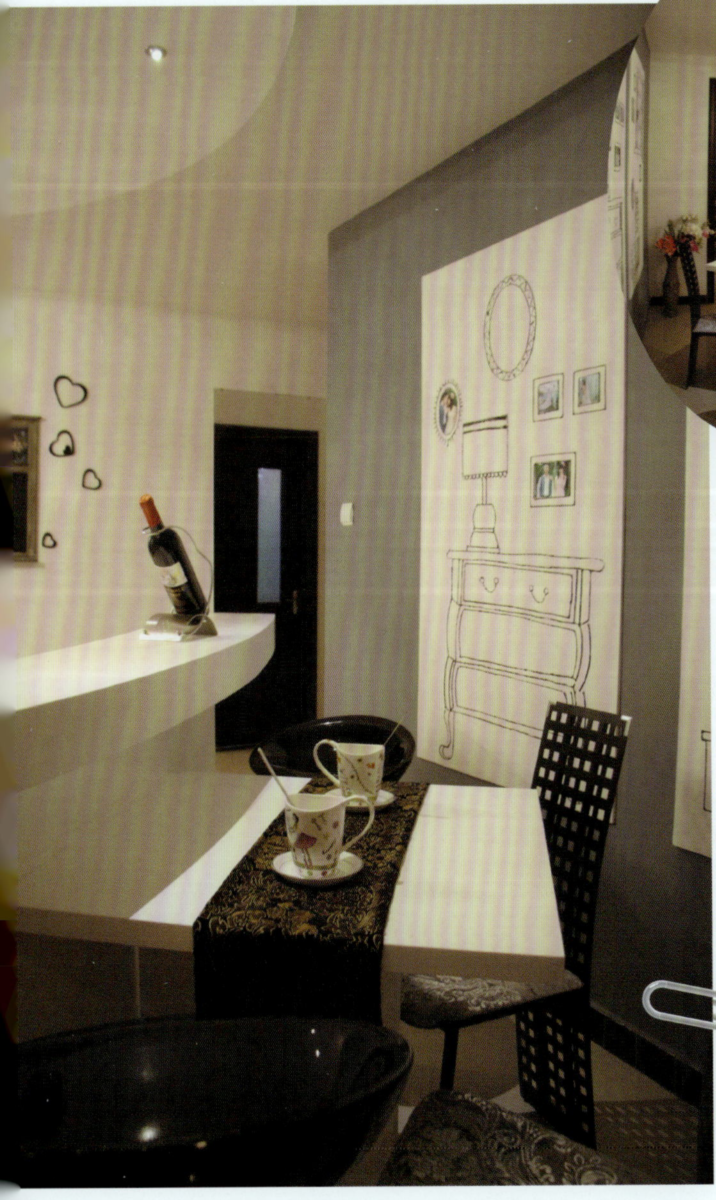

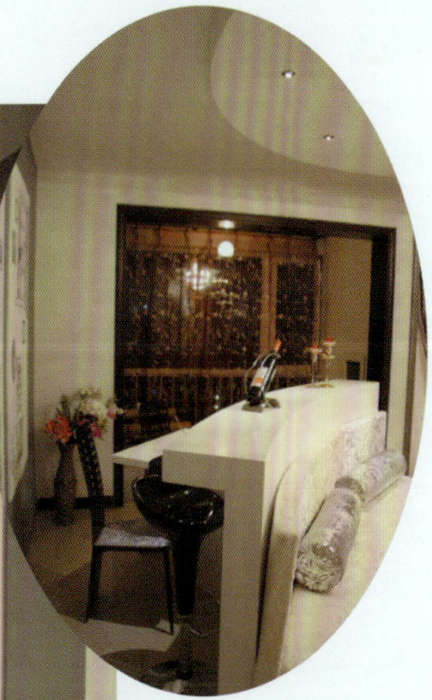

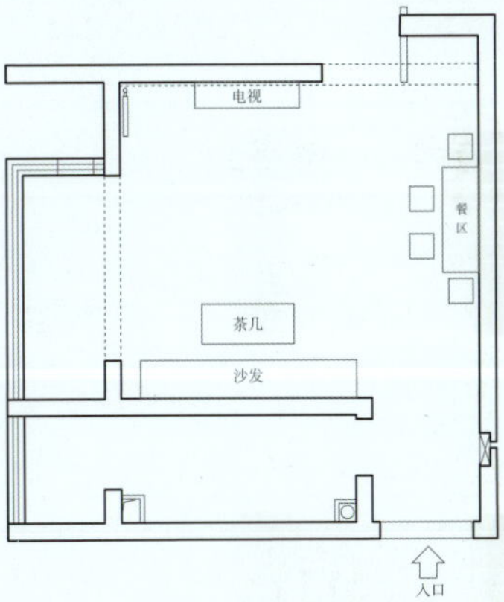

改造前平面图

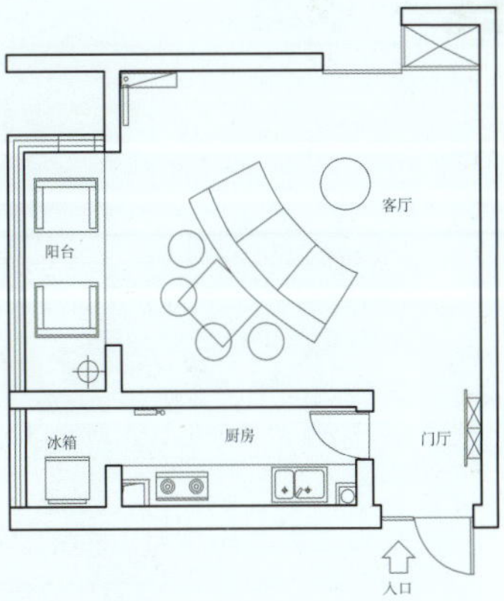

改造后平面图

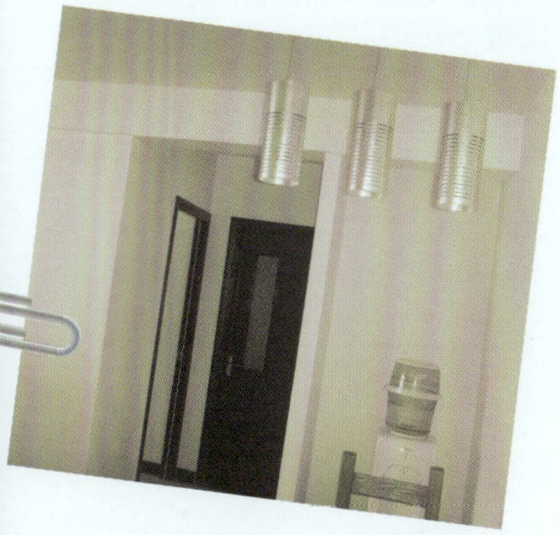

魔法01 格局的颠覆

1 | 2/3

❶ 圆形茶几、圆形地毯、圆形吊顶都围绕着弧形沙发，相得益彰。

❷ 沙发背部的弧形吧台配上两把高椅，时尚前卫。折叠餐桌的设计节省了空间。

❸ 通往卧室卫生间的过道做了隔断门，使得整套居室动静分开，保证了绝对的私密性，同时又与电视墙完美结合，别出心裁。

改造前

房屋格局比较传统，中规中矩，原有家具尺寸太大，不成比例。电视背景墙不整体，就餐区没有独立空间。

魔法02 黑白色彩搭配

黑白作为永不落伍的时尚色彩，从来都是出类拔萃的搭配风格。保留原有的白色地面，天地墙都以白色为主，黑色及银色作为点缀，不动声色地演绎出一个家的潮流气质。为了中和黑白稍显冷峻的氛围，布艺沙发、地毯、绒布靠垫等逐一登场，不着浓墨重彩，却更雍容华贵。

改造前

改造前的居室色彩单一，没有层次变化，比较单调。

魔法03 运用材料创造奢华空间

小空间也可以做出奢华感觉。玻璃、镜面与布艺完美地排列一起，让软和硬、光和暗、强烈和温和相互交融，局部通过镜面反射效果创造室内的多元丰富表情。传统装饰手法沥粉画的运用，凭添了几分俏皮可爱，使整个家居氛围迅速升温。

魔法04 个性的造型 方与圆

结合主题，整套设计多处运用圆的造型，弧形沙发、圆的茶几、圆的地毯、圆的吊顶，隔断门上圆的光盘，处处流露“圆舞曲”的意境。电视两侧隔断门的设计尤为突出，黑白琴键的设计又像跳动的音律，搭配上欧美经典光盘，使得整个空间除了古典奢华，更多了几分时尚。

改造前

改造前客厅布置中规中矩。

成本开销

灯具：2000 元　展示柜：800 元　沙发：550 元　吊顶：900 元

地台：750 元　装饰画：160 元　茶几：450 元　布艺：2600 元

电视墙改造：1500 元　其他：290 元

本案色调

主色调 + 搭配色调   + 

厨房间普通墙砖的替代品

1. 马赛克

马赛克按照材质、工艺可以分为若干不同的种类：陶瓷马赛克、石材马赛克、金属马赛克、夜光马赛克、玻璃马赛克等。

玻璃马赛克具有晶莹剔透、耐酸碱、不退色、易安装、清洁、无辐射等特点，是绿色环保型的装饰材料之一。用它来替代普通墙砖具有个性，更能体现风格品味。

水晶玻璃底料有极强的吸水性和黏结力，施工时采用水泥灰浆可使该产品牢固地粘在墙体上。该产品采用高温烧制，以确保颜料与底料永不褪色。

2. 钢化玻璃

钢化玻璃是普通平板玻璃经过再加工处理而成的一种预应力玻璃。钢化玻璃相对于普通平板玻璃来说，具有两大特征：

（1）前者强度是后者的数倍，抗拉度是后者的 3 倍以上，抗冲击是后者 5 倍以上。

（2）钢化玻璃不容易破碎，即使破碎也会以无锐角的颗粒形式碎裂，对人体伤害大大降低。

用它来替代墙砖，可减少砖与砖之间的接缝，易清理，也可避免时间长了瓷砖脱落的尴尬。想要突出个性，可以在钢化玻璃后面加上喜欢的壁纸、字画，会有与众不同的效果。

3 . 彩色镜子

彩色镜子是一种优质着色浮法玻璃板。目前分为两类：彩色铝镜和彩色银镜。目前可以提供的颜色有蓝色、绿色、灰色、茶色、金色、黑色、粉色等。根据整体家居的装修色调及风格，选择相应的色彩镜面，比较适用于空间狭小、光线不足的厨房。

自然游戏

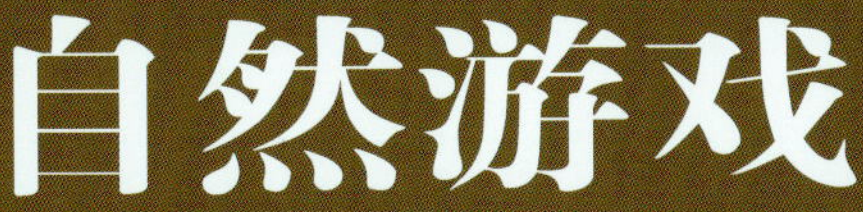

自然的清新感觉

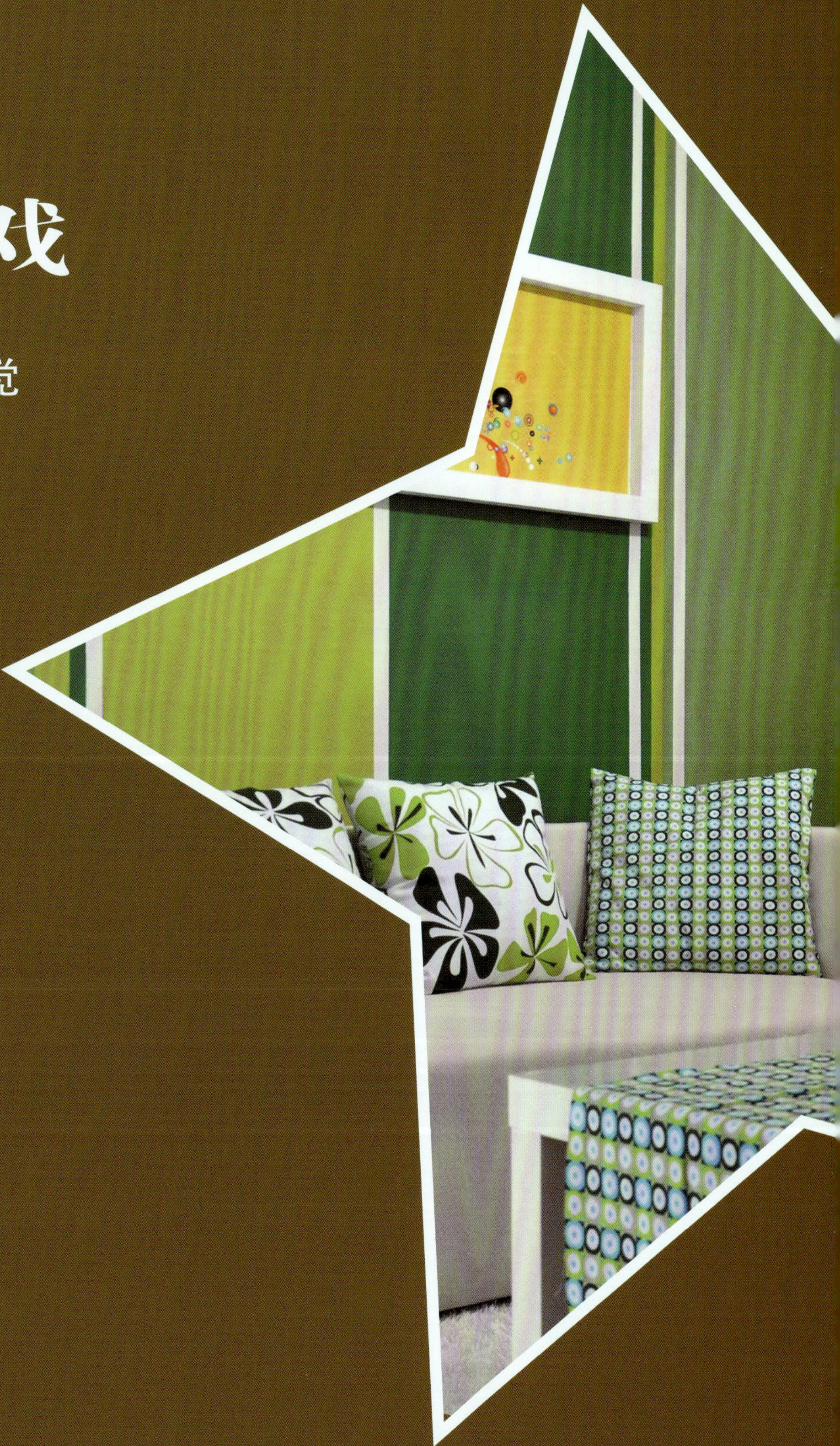

清新的绿色
有的如雨露般晶莹
有的如湖水般深邃
这些大自然的馈赠
我们汲取着
我们享受着

自然游戏 自然的清新感觉

ZIRAN YOUXI

改造前评述：

房屋玄关灯光颜色过多，亮度不一，衣服和鞋摆放凌乱。就餐区摆放过多杂物，使餐桌很少得到利用。沙发占用过多空间遮挡飘窗，影响空间的利用。背景墙颜色单一、结构简单，电箱也外露于墙体。灯具造型简单无新意，室内照明不足。

房主故事：

两个成熟稳重的年轻人，通过在北京的奋斗打拼，拥有了属于自己的爱巢，二人共同品尝生活中的酸甜苦辣，共同经历生活中的风风雨雨。在这里，他们迎来了可爱的宝宝，让这个幸福的小家庭充满了欢乐。此时，将爱巢修饰得温馨浪漫是他们长久以来最大的愿望。

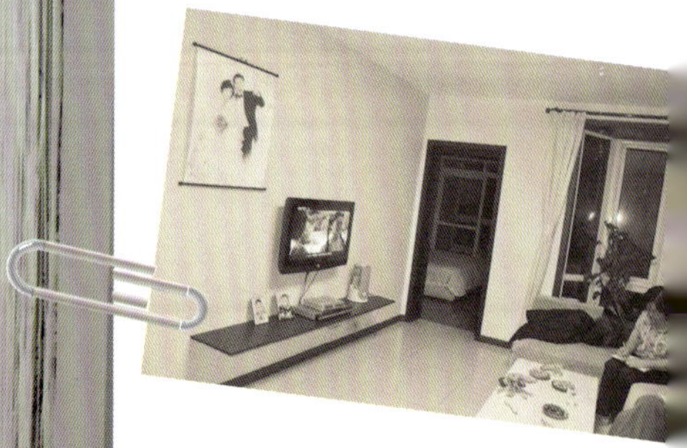

设计师：保勇剑

毕业院校：首都师范大学

从业时间：7 年

设计理念：简单就是美

本案以绿色为主题色彩，突出自然的清新感觉，在房间内营造出浪漫的氛围，屋内设计为三个区域，进门玄关、就餐上网区、沙发休息区。三个空间分割有序，特别是就餐上网区和沙发休息区，通过一个定制的折叠屏风分隔空间。同时，空间的绿色系与白色相互呼应、协调统一，深木色的复合地板，更好地诠释了空间的主题，体现了自然的原始味道。

空间改造完全满足房主的审美和对空间功能上的要求，各个空间区域功能划分清晰、主次分明，颜色运用整体统一，重点区域的装饰效果完美诠释了主题。

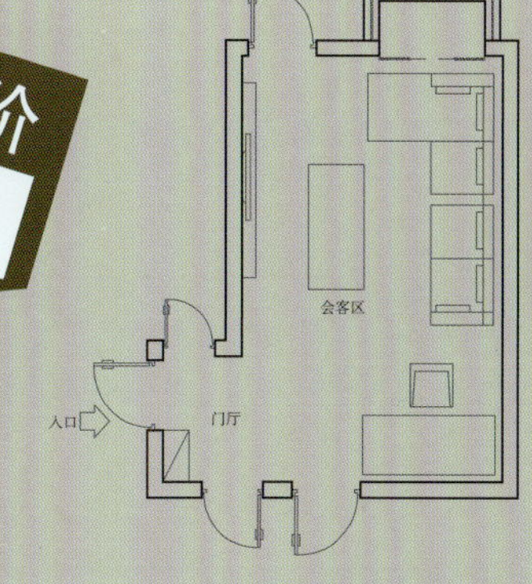

改造前平面图

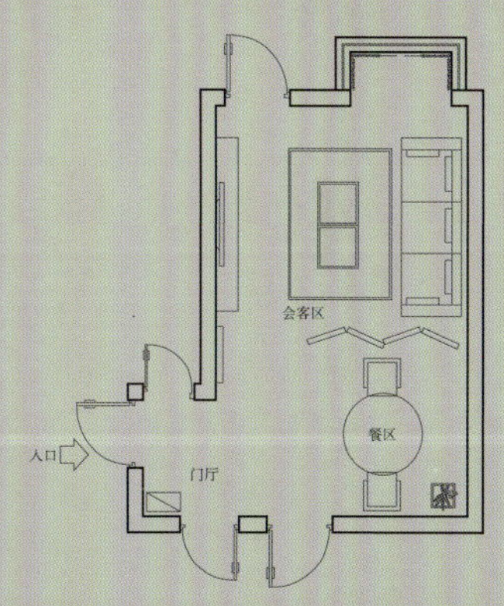

改造后平面图

魔法01 层次丰富的电视背景墙

烤漆密度板制作的电视背景墙，增加了墙面的立体层次感。

暗藏式电表箱与墙面浑然一体。

从背景墙上悬出的实用装饰隔板，好像从墙面上裂开，露出主题图案。隔板上装饰与沙发背景墙相呼应的主题玻璃背漆画。

倾斜式穿衣镜，丰富了主题墙元素。

改造前

电视背景墙颜色单一，结构简单，电箱也外露于墙体。

魔法02 折叠屏风巧隔会客区与餐区

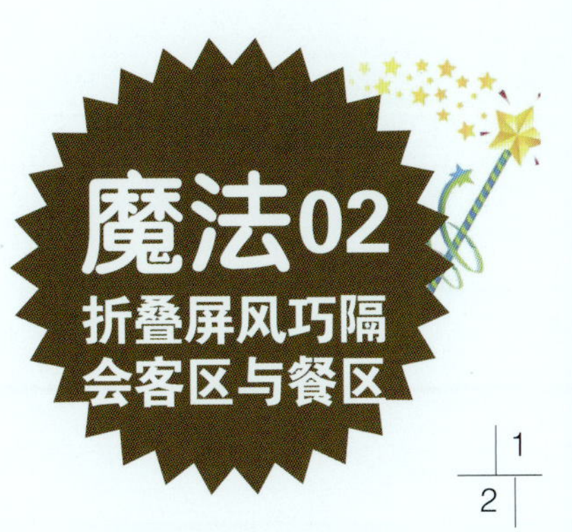

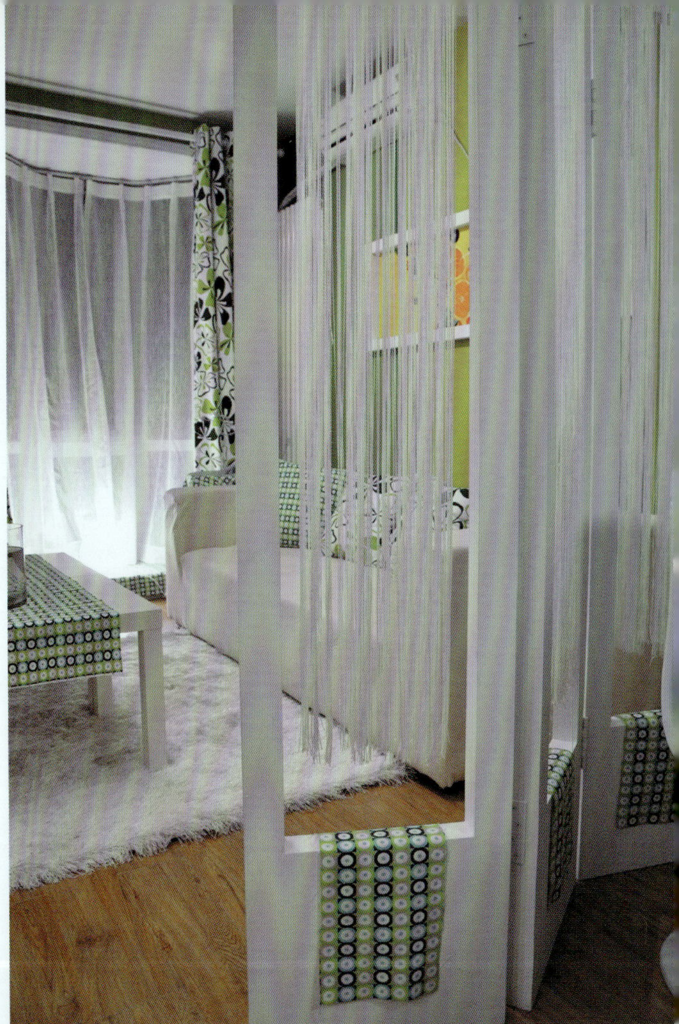

1
2

❶ 白色定制折叠屏风，内嵌白色线帘，有效地分割空间，同时又兼顾房屋的通透性。方便调整座椅的空间位置，更好地变换空间大小。

❷ 多角度可调轨道射灯，可对空间各个重点区域提供充足的照明。原木色地板彰显自然的味道。

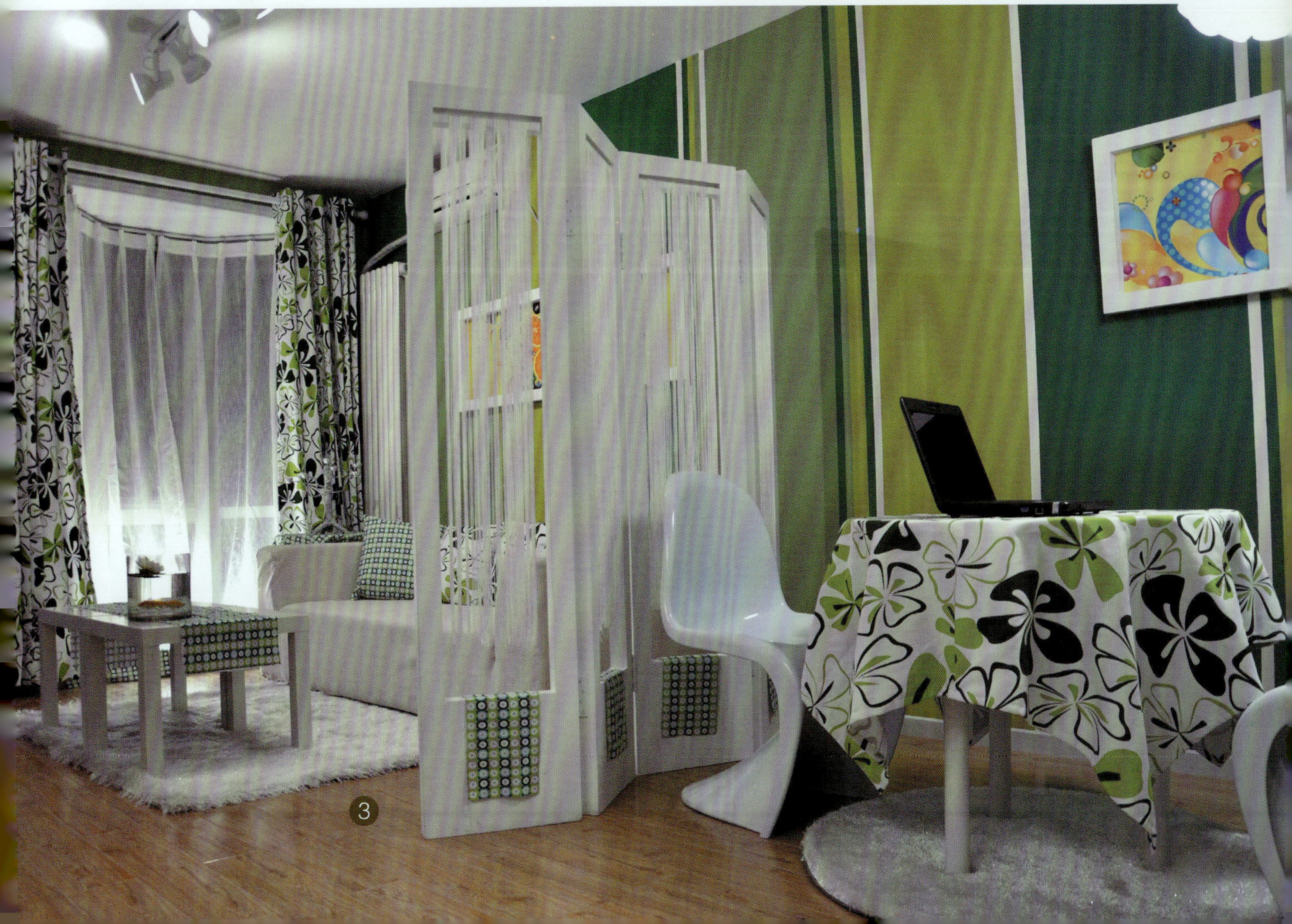

3

魔法03 会客区与餐区

1
2

❶ 壁纸和涂料相结合的主题沙发背景墙，让空间充满了活泼跳跃的色彩。定做的白色画框与屏风材质协调统一。定做的白色皮质沙发，质感清晰，宽大的纵深给人非常舒适的感觉。

❷ 餐区独立个性照明灯，点缀空间纵深。餐区同时也是休闲上网的区域。

魔法04 特色鞋柜与个性阳台

❶ 玄关处统一造型的灯槽为空间提供充足的照明。墙面上两种不同高度的挂衣钩，个性俏皮，方便身高不同的男女主人挂衣服。造型简单个性的鞋柜为房主提供方便的收纳空间。

❷ 与主题色彩相呼应的窗帘和烘托飘窗氛围的地灯。

改造前

进门处鞋柜显得杂乱、拥挤。

成本开销

电视背景墙：800 元　电视背景墙托板：400 元　电视背景墙烤漆玻璃：90 元

壁纸：800 元	地板：1130 元	门改色：600 元	顶面翻新：200 元
过道顶灯：200 元	屏风：300 元	鞋柜：300 元	灯具：1000 元
沙发：1200 元	餐桌：299 元	椅子：640 元	边桌：99 元
镜子：350 元	地毯：450 元	窗帘：300 元	配饰：300 元

本案色调

主色调 + 搭配色调

色彩运用相关知识

壁纸和涂料的混搭应用，可搭配出多种图案。颜色丰富的涂料可有效弥补壁纸颜色的单一，二者相互补充，更好地打造多彩绚丽的室内背景墙。空间氛围的打造注重空间元素的应用和元素间的相互呼应。色彩上要主次分明，通过大面积的辅助色，衬托空间的主题颜色。简约设计注重绚丽的色彩在空间中的突出地位，通过丰富的颜色和家具来表现空间的不俗氛围和气息。

欢迎收看《交换空间》节目
欢迎阅读《家装魔法》丛书

引导家装消费 感受家居时尚 体验美好装修 促进家庭和谐

中央电视台财经频道《交换空间》栏目是一档贴近普通电视观众，倡导自主动手、节俭装修为理念的服务类节目。所有将要家装的、正在家装的、已经家装的，热爱生活、热爱家庭的人群都是节目的收视对象。

在每一期节目中，都将会有两个勇气可嘉的家庭出现。他们将提供出自己房屋中的某一房间，在装修团队的帮助下，互换空间进行装修。简单地说就是你给我家装、我给你家装。在这次装修挑战中，他们只有48小时时间，以及10000元装修预算和8000元的家电基金。如何在规定时间有限预算内完成装修任务将成为节目最大看点。

栏目在保障观赏性的同时，提供装修知识、家装创意、家装常识。让所有的电视观众重新认识家庭装修的乐趣，推广绿色环保装修，同时促进人与人之间的理解，和睦相处。

由央视财经频道《交换空间》栏目独家授权、同步出版的《家装魔法》丛书共包括5本分册，读者可以填写背面的报名表，采用邮寄或电邮的方式发送给栏目组，就有机会成为红蓝两队成员，参与到《交换空间》节目中来！

买书当房主，《交换空间》进咱家！

《交换空间》报名表

参与人关系：		
	选手一	选手二
姓 名		
性 别		
年 龄		
学 历		
工作单位及职务		
联系方式		
电子邮箱		
特长及兴趣爱好		

家庭地址				
房间情况	房屋使用面积	几室几厅	希望装修的房间	面 积

关于家的情感故事或个人经历的故事(300-500字)

____

____

____

____

____

____

财经频道《交换空间》栏目组

请将报名表填好后裁剪下来寄送至：
北京市海淀区复兴路11号
中央电视台财经频道《交换空间》栏目组 收
邮编100859

您也可以到本社网站www.waterpub.com.cn/softdown下载报名表格(密码为书号ISBN的最后5位)，电邮至kongjian@cctv.com。

《交换空间》栏目组收到上述报名表后，经审核筛选，便有机会成为红蓝队员！